무형문화재 원형보존을 위한 자료집

국가 중요무형문화재 제70호

양주 소놀이굿

김헌선 편

도서출판 월인

목 차

Ⅰ. 양주소놀이굿의 역사와 현황

1. 양주소놀이굿의 역사

소놀이굿은 제석거리에서 멍석 등으로 소를 꾸며 만들어서 제석거리의 주관자인 무녀와 가장한 소를 몰고 온 마부가 재담과 소리로 주고받는 놀이이면서 굿이다. 소놀이굿이 제석굿의 일환으로 놀아진다는 점에서는 풍농을 기원하는 주술적 목적 아래 연행된 제의적 성격을 가진다.

그런데 제석굿의 무녀는 사제자인 반면에 소놀이굿의 마부는 사제자가 아니고 마을의 놀이꾼이다. 무녀와 마부의 합작에 의해서 소놀이굿이 완성되지만, 소놀이굿의 주된 인물은 만신보다는 마부이다. 만신은 마부의 상대역으로 타령을 유도하는 역할을 하는 반면, 마부는 만신의 상대역으로서 여러 사설을 타령으로 엮어내 굿판을 놀이판으로 바꾸어 놓는다. 그러므로 양주소놀이굿은 소를 꾸며서 만들어 굿을 진행한다는 점에서 연희적 성격이 부각되어 있는 놀이적 성격이 강한 굿이다.

소놀이굿은 놀이와 굿이 합쳐졌다는 사실에서 직접적인 기원을 소놀이에서 찾을 수 있다. 소놀이 가운데 유력한 단서가 되는 것은 역시 '소멕이놀이'이다. 소멕이놀이는 민속놀이의 일환으로 노는 것으로 이 놀이는 정월 보름과 추석에 흔히 거행되었다. 소멕이놀이는 장정 두 사람이 소가죽을 뒤집어쓰고 머리와 꼬리를 만들어 소로 꾸민다. 그리고는 주인과 머슴 네 사람이 소를 몰고 부잣집에 가서 소울음을 울고 "옆집 소가 평생 즐기는 싸리꼬챙이와 뜨물을 먹고 싶어서 찾아왔다"고 하면 주인이 산적과 술을 내놓아 대접한다. 이 때에 농악대가 뒤따르면서 놀이를 하는 것으로 되어 있다.

소멕이놀이가 변형된 사례로 기호지방에서 노는 거북놀이가 있다. 거북놀이는 소놀이와 흡사하나, 다만 소의 멍석 대신에 수숫대 잎이나 짚을 써서 거북의 모양을 만든 것이 다르다.

이런 모든 민속들은 풍농을 기원하는 주술적 의미가 가장 크다. 양주소놀이굿도 농사의 중심을 이루는 소를 잘 대접함으로써 풍농을 기원하는 의미가 크다. 소를 위하는 굿이므로 소의 내력을 높이 내세우고 소의 여러 모색을 거듭해서 칭송하여 사설로 늘어놓는다. 소를 위하고 섬긴 결과로 주인들은 부자가 된다. 종자타령을 하고 부의 척도가 되는 집을 치장하고 비단옷으로 꾸미는 것이 그것이다. 소를 잘 위하게 되면 집안에 명과 복이 깃든다고 하는 사고는 해서 지역의 소놀이굿과도 상통하는 점이어서 보편적인 사고임을 확인할 수 있다.

해서지역의 소놀이와 양주의 소놀이는 소를 구실 삼아 무당과 마부가 대화로 극을 이끌어 간다는 점이 공통점이다. 이때 무당은 사제자이지만 마부는 굿을 하는 지역 출신의 민간인이 맡는다. 즉 전문 사제자와 지역민이 굿판에서 서로 만나 재주를 겨루는 것이다. 풍농을 기원하는 농경의례와 무당굿이 한자리에서 만나 결합한 형태이다.

해서 소놀이굿은 무당의 구실이 강화되어 있지만, 양주소놀이굿은 마부가 담당하는 역할이 훨씬 크다. 만신은 내용 전개를 위한 구실을 제공할 뿐이고 실제 대부분의 내용은 마부의 타령에 의해 전개된다. 따라서 양주소놀이굿은 무당굿보다는 연행적 측면에 훨씬 가까운 민속예술이라고 할 수 있다.

양주소놀이굿은 문헌으로 정착되지 못하고 구전으로만 전해졌을 뿐 아니라, 학문적 대상이 되기 전에 생성되어 전승된 것이므로 정확한 역사나 변화과정을 알 수가 없다. 그러므로 양주소놀이굿의 역사는 전승자들의 기억에 의한 단편적인 조각들에 의존할 수밖에 없다. 현재 전승자들이 말하는 역사는 무부인 팽수천에서부터 시작된다. 팽수천에서 시작된 전승계보를 중심으로 양주소놀이굿의 역사를 정리해 보고자 한다.

양주소놀이굿의 전승자는 세 차례에 걸쳐서 변화를 보이고 있다. 그것을 개괄적으로 정리해서 보이면 다음과 같다.

(가) 해방이전

(나) 1970년대 전후

(다) 1980년대 이후

(가) 해방 이전에 놀던 소놀이굿의 전승자 가운데 긴요한 인물은 팽수천이다. 팽수천(彭壽天, ?~1939)은 팽씨 가계에서 요긴한 위치를 점하고 있었는데, 그것을 제시하면 팽수천의 가계적 특징을 발견할 수 있다.

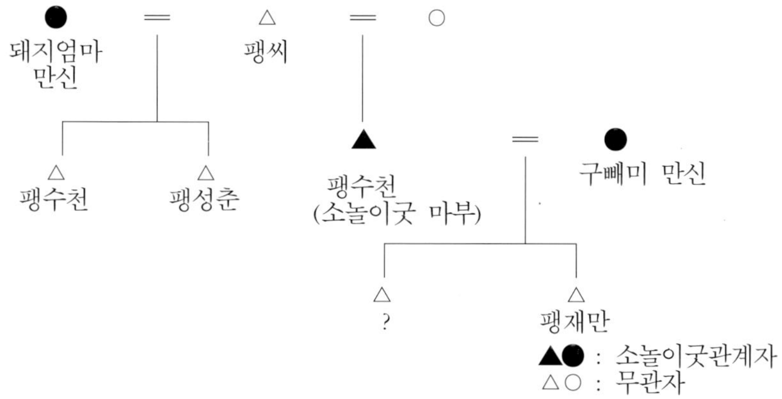

팽수천은 엄밀하게 말해서 무당 집안 사람이 아니다. 자신의 서모가 돼지엄마 만신이라고 해서 양주경사굿을 주관했던 만신으로 널리 이름을 얻었다. 돼지엄마와 팽수천은 양주소놀이굿에 적극적으로 참여했다고 전하고, 실제로 팽수천은 잡가를 잘했을 뿐만 아니라, 고사반도 능수능란하게 했던 인물이다.

팽수천은 일찍 요사하고, 구빼미 만신을 다시금 한 동네 친구였던 고관성이 데리고 살면서 소놀이굿을 전승했던 것으로 판단된다. 팽수천은 소놀이굿의 중시조에 해당하는 인물이다. 팽수천은 재담도 잘하고 소리도 잘했으며 놀기도 잘했던 인물이다. 무녀와 한짝이 되어서 재담도 확립하고, 소리도 전승할 수 있는 터전을 마련한 인물로 평가된다.

돼지엄마와 구빼미 만신은 신딸과 신어머니의 관계에 있었다. 돼지엄마에게 구빼미 만신은 경사굿의 절차와 소리를 모두 전수받았다고 할 수 있다. 팽수천은 초혼에 실패하고, 구빼미 만신과 재혼해서 둘 사이에 아들 둘을 두었다. 그러나 팽수천이 요사해서 구빼미 만신은 팽수천에게 소놀이굿을 배운 친구 고관성과 동거했다. 복잡한 계보를 형성하기는 했어도 구빼미 만신과 팽수천은 양주 경사굿에서 하는 소놀이굿의 중흥에 결정적 기여를 했던 인물이라고 평가할 만하다. 소놀이굿이 마부와 만신의 대화에 의해서 진행하는 특성을 고려한다면, 이들은 선구자적 위치에 서 있다.

(나) 양주소놀이굿이 조사되던 시기인 1967년 전후에 양주소놀이굿의 주요한 전승자는 다음과 같은 계보로 되어 있다. (가)와 합쳐서 기술하면 이 점이 더욱 선명하게 드러난다.

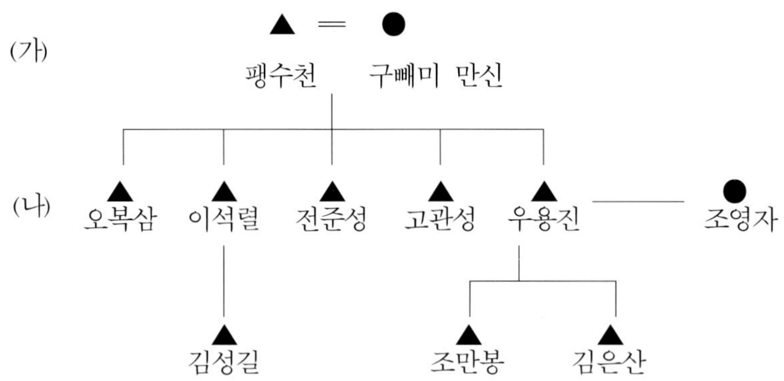

(나) 세대의 특징은 팽수천에게 배운 소놀이굿이 새롭게 재현이 되던 시기라는 사실이다. 전란으로 인해서 전승의 단절 위기에 있던 것을 재현하던 시기이다. 이 과정에서 팽수천에게 놀이를 배운 바 있는 우용진이 결정적인 기여를 한 것으로 평가된다. 우용진은 고관성 등과 함께 소놀이굿을 정확하게 복원하고, 그것을 재현하려고 힘썼음이 확인된다.

구빼미 만신에서 조영자 만신으로 바뀐 것은 무녀의 교체로 특기할 만한 현상이다. 조영자 만신은 양주지역의 이름난 만신이었는데, 그녀의 행적은 ≪경기도지역무속≫이라는 책자에 언급되었으므로 생략하기로 한다. 다만 조영자 만신은 경사굿의 법제와 절차를 널리 이해하고 있었던 만신이었다.

(다)에서는 양주소놀이굿이 중요무형문화재로 지정되었던 시기를 지칭한다. (나)에 이어서 새롭게 계승된 세력이 나타났다. 구체적으로 예시하면 다음과 같다.

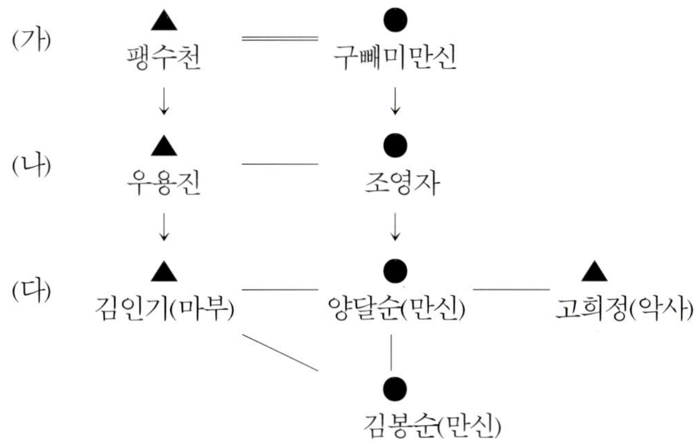

우용진의 뒤를 이어서 김인기가 원마부 노릇을 하고, 양달순 만신이 제석 노릇을 하면서 새로운 전승자로 나타났다. 그러다가 이 과정에서 양달순을 대신하게 되는 인물이 김봉순이다. 김봉순은 김인기와 단짝이 되어서 양주소놀이굿을 이끌어가던 만신이다. 이 과정에서 주목되는 일은 고희정이 해금을 켜는 악사 노릇을 해서 문화재로 지정된 점이다. 마부, 만신, 악사 등의 세 가지 전승축이 마련되었다고 할 수 있다. 따라서 양주소놀이굿의 전승체계가 비로소 확립되었다고 할 수 있다.

(가)(나)(다) 전승계보는 인위적 변화에 의해서 마련되었다기보다도 자연스러운 사망에 의해서 대체되는 과정을 보여주고 있으며 단절 위기에 있던 것을 새롭게 전승하게 된 것 자체가 양주소놀이굿의 생명력을 제공한 것이다.

1980년 11월 17일 양주소놀이굿이 무형문화재 70호로 지정되었다. 이때 마부인 김인기와 악사인 고희정이 보유자로 지정되었다. 김인기가 2000년 9월 11일 작고하고 고희정이 2005년 1월 18일 작고했다. 지금의 보유자는 김병옥으로 1984년 조교로 임명되어 2005년에 보유자로 지정되었다.

故 김인기

故 고희정

2. 양주소놀이굿 활동상황

양주소놀이굿이 1967년 12월의 <무형문화재조사보고서제32호>를 통해서 학계에 알려진 이후, 경사굿과 외부공연을 통해 일반에게도 알려지기 시작했다. 1980년 5월 1일에는 국립극장 놀이마당에서 공연을 했다. 같은 해 5월 3일에 제1회 정기공연이 열린 이후 현재까지 이어지고 있다. 본격적으로 활동하게 된 것은 1980년의 무형문화재 지정 이후부터이다. 양주소놀이굿 보존회의 공연 활동상황을 정리하면 다음과 같다.

1980년 5월 1일	서울 중앙발표회	국립극장 놀이마당
1980년 5월 3일	제1회 정기공연	방성리 야외공연장
1981년 8월 20일	국풍81 초청공연	여의도 광장(방송출연)
1982년 4월 2일	제2회 정기공연	KBS방송국 현지촬영
1982년 9월 25일	제3회 정기공연	방성리 야외공연장
1983년 5월 5일	서울 중앙발표회	방성리 야외공연장
1984년 4월 30일	서울 중앙발표회	방성리 야외공연장
1985년 4월 23일	제5회 정기공연	국립극장 놀이마당
1985년 10월 5일	서울 중앙발표회	방성리 야외공연장
1986년 6월 7일	제6회 정기공연	서울 놀이마당
1986년 7월 26일	초청공연	방성리 야외공연장
1986년 9월 29일	서울 중앙발표회	한국민속촌
1987년 6월 13일	초청공연	서울 놀이마당
1987년 10월 2일	88올림픽 초청공연	양주문화원 창립기념
1988년 9월 15일	제7회 정기공연	의정부 공설운동장
1988년 10월 24일	제8회 정기공연	방성리 야외공연장
1990년 5월 5일	서울 중앙발표회	방성리 야외공연장
1991년 5월 18일	제9회 정기공연	서울 놀이마당
1992년 5월 5일	서울 중앙발표회	방성리 야외공연장
1993년 5월 15일	제10회 정기공연	서울 놀이마당
1993년 5월 29일	초청공연	방성리 야외공연장
1993년 6월 18일	초청공연	한국민속촌
1994년 4월 3일	제11회 정기공연	서울 놀이마당
1994년 4월 30일	초청공연	방성리 야외공연장
1994년 5월 29일	서울 중앙발표회	수원 사진촬영대회
1994년 6월 25일	초청공연	서울 놀이마당
1994년 7월 23일	초청공연	서울 놀이마당
1994년 10월 6일	초청공연	제1회 양주문화제
1994년 10월 9일	제12회 정기공연	한국민속촌

1995년 4월 30일	초청공연	양주소놀이굿 전수회관
1995년 10월 5일	제13회 정기공연	제2회 양주문화제
1996년 4월 27일	서울 중앙발표회	양주소놀이굿 전수회관
1996년 5월 11일	초청공연	서울 놀이마당
1996년 10월 5일	KBS방송국 초청공연	제3회 양주문화제
1997년 2월 6일	제14회 정기공연	서울역 광장
1997년 4월 27일	초청공연	양주소놀이굿 전수회관
1997년 8월 17일	초청공연	제17회 밀양백중놀이 정기공연
1997년 10월 5일	초청공연	제4회 양주문화제
1997년 10월 11일	초청공연	광주비엔날레
1997년 11월 15일	제15회 정기공연	제1회 양주국제미술제
1998년 4월 26일	제29회 무형문화재발표	양주소놀이굿 전수회관
1998년 5월 9일	제16회 정기공연	서울 놀이마당
1999년 4월 25일	서울 중앙발표회	양주소놀이굿 전수회관
1999년 5월 22일	초청공연	한옥마을
1999년 10월 1일	초청공연	제5회 양주문화제
1999년 10월 10일	초청공연	성남시
1999년 10월 23일	초청공연	남양주 문화제 행사
1999년 10월 31일	새봄 새출발 입춘맞이	동두천 문화제 행사
2000년 1월 31일	초청공연	국립민속박물관 앞마당
2000년 4월 15일	제17회 정기공연	서울 놀이마당
2000년 4월 30일	초청공연	양주소놀이굿 전수회관
2000년 9월 22일	초청공연	포천 산정호수
2000년 10월 1일	초청공연	양주군 문화회관
2000년 10월 10일	초청공연	의정부 시청 앞
2000년 10월 20일	제18회 정기공연	양평 용문산
2001년 4월 29일	초청공연	양주소놀이굿 전수회관
2001년 5월 5일	초청공연	양주 어린이축제
2001년 5월 13일	초청공연	은율탈춤
2001년 6월 23일	초청공연	예천농토
2001년 7월 21일	상설공연	양주소놀이굿 전수회관
2001년 10월 12일	초청공연	이천엑스포 경기남부무형문화재
2001년 10월 22일	초청공연	양주문화제 경기북부무형문화재
2001년 10월 28일	상설공연	양주소놀이굿 전수회관
2001년 11월 29일	상설공연	양주소놀이굿 전수회관
2002년 4월 21일	정기공연	양주소놀이굿 전수회관
2002년 5월 11일	초청공연	양주문화축제
2002년 5월 12일	상설공연	양주소놀이굿 전수회관
2002년 6월 1일	월드컵기념 초청공연	수원 만석공원
2002년 6월 5일	국제민속축제	국립극장

2002년 6월 16일	월드컵 문화행사	서울평화공연
2002년 8월 17일	월드컵 문화행사	여의도공원
2002년 9월 9일	추석맞이 초청공연	서울 은평구 이마트
2002년 10월	초청공연	석촌 놀이마당
2003년 5월 4일	합동정기공연	유양별산대
2003년 6월 22일	상설공연	양주소놀이굿 전수회관
2003년 7월 11일	상설공연	양주소놀이굿 전수회관
2003년 8월 17일	상설공연	장흥유원지
2003년 9월 6일	문화재보호재단 초청공연	문화재 전수회관
2003년 9월 27일	상설공연	육군 덕정병원
2003년 10월 2일	초청공연	청주 공예비엔날레
2003년 10월 12일	상설공연	백석초등학교
2003년 10월 17~18일	초청공연	안동 탈춤페스티벌
2003년 10월 19일	양주시승격 축하공연	유양 별산대
2004년 5월 16일	제21회 정기공연	별산대 합동공연
2004년 6월 19일	상설 공연	장흥 유원지
2004년 7월 18일	상설 공연	덕정 봉우 공원
2004년 8월 15일	상설 공연	덕정 봉우 공원
2004년 9월 19일	상설 공연	덕정 봉우 공원
2004년 10월 16일	양주문화재	별산대 놀이마당
2004년 11월 6일	초청 공연	남산 한옥마을
2004년 11월 14일	부산 초청 공연	지역 혁신 박람회
2005년 4월 9일	대장금 공연	MBC문화동산
2005년 4월 23일	제22회 정기공연	소놀이굿전수회관
2005년 5월 1일	대장금 공연	MBC문화동산
2005년 5월 5일	하이서울페스티발	서울시청
2005년 5월 22일	(상설공연)초청공연	이천 도자기 엑스포
2005년 6월 5일	대장금공연. 양주문화축제	MBC문화동산
2005년 6월 11일	초청공연	국립 국악원
2005년 6월 25일	상설공연	소놀이굿 전수회관
2005년 7월 25일	상설공연	의정부 시청앞 광장
2005년 8월 4~5일	초청공연	울진 세계 친환경 엑스포
2005년 8월 27일	상설공연	의정부 시청앞 광장
2005년 9월 4일	대장금 공연	MBC문화동산
2005년 9월 6일	보유자 심사공연	소놀이굿 전수회관
2005년 9월 25일	투어공연	서울 숲 공원(뚝섬)
2005년 10월 1일	대장금 공연	MBC문화동산
2005년 10월 23일	상설공연	덕정 봉우공원
2005년 11월 5일	대장금 공연	MBC문화동산
2006년 3월 5일	대장금 공연	MBC문화동산

양주 소놀이굿 전수회관 전경

양주소놀이굿 전수회관이 1995년에 완공되면서 본격적으로 소놀이굿을 전승할 수 있는 공간이 생겼다. 보존회측은 현재도 양주 대장금 테마파크에서 상설공연을 갖고 있고, 각종 초청공연과 정기공연 등 일년에 20여회 가까이 공연을 하고 있다. 또 매주 토요일은 회원들이 모두 전수회관에 모여 공연 연습을 한다. 소놀이굿을 배우고자 하는 일반인들도 몇 사람 참여하고 있다.

김병옥 회장과 박형배 총무가 양주소놀이굿 보존회 일을 맡아 활발하게 활동하다가, 2006년 5월 5일 박형배 총무가 불의의 사고로 타계하였다. 이 지면을 빌어 양주소놀이굿의 발전과 본 자료정리를 위해 애써주신 고 박형배 총무의 명복을 빈다.

Ⅱ. 양주소놀이굿의 연행

1. 등장인물

1) 만신

만신은 제석굿에서 입었던 복색을 그대로 입는다. 안에는 한복 치마와 저고리를 입고 그 위에 흰색 장삼을 덧입는다. 머리에는 장삼과 같은 재질의 흰색 고깔을 쓴다. 그리고 오른쪽에는 홍가사, 왼쪽에는 청가사를 두르고 가슴부위에 붉은 띠를 둘러 앞에서 묶는다. 손에는 아무것도 그려져 있지 않고 흰색 너설이 달린 제석부채를 든다.

무녀

장삼

홍가사

제석부채

고깔

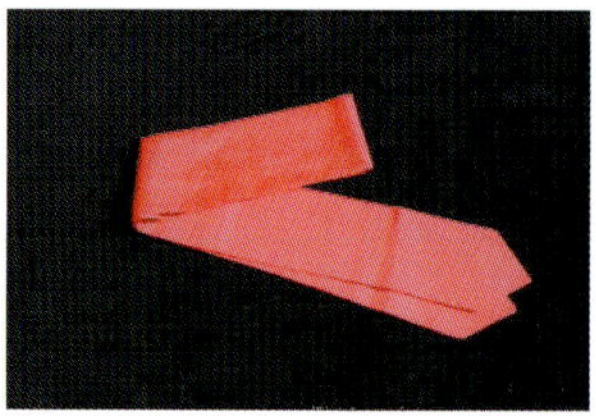

가슴띠

2) 마부

마부는 원마부 1인과 곁마부 2~3인으로 구성된다. 원마부와 곁마부의 복색은 동일하다. 마부는 흰색 바지저고리에 행전을 치고 미투리나 짚신을 신는다. 그 위에 남색 전복과 쾌자를 덧입고, 머리에 수건을 두른 후 검은색 벙거지(전립)를 쓴다. 남색전복의 소매는 색동이거나 붉은색이다. 손에는 무당부채인 삼불제석부채를 든다.

원마부

벙거지

부채

곁마부

남쾌자

3) 소장수

소장수는 흰 바지저고리에 조끼를 입고, 도포를 입는다. 머리에는 갓을 쓰고 미투리나 짚신을 신는다. 흰 수염을 길게 늘어뜨리고 손에는 담뱃대를 든다. 소장수는 소도구로 괴나리봇짐을 메고, 봇짐에는 짚신 2켤레와 박바가지 및 조롱박을 매단다.

소장수

소장수 소도구

4) 주모

주모는 치마, 저고리를 입고 머리에 수건을 쓴다. 원마부와 소장수 사이에 흥정이 끝나면 술동이를 이고 술을 판다.

주모

주모의 술동이

2. 소도구

1) 소

소는 큰소와 송아지로 나뉜다. 둘 다 소머리, 몸통, 꼬리로 구성된다. 본래 소머리는 고무래에 짚을 묶어서 만들지만, 짚으로 만든 것은 무게가 무겁기 때문에 현재 공연에서 사용하는 소머리는 스티로폼으로 만든 것이다. 몸통은 짚으로 만든 멍석 두 장을 이어 붙여 사용하는데, 이것도 무게가 상당하기 때문에 현재는 야자수 잎으로 만든 끈으로 멍석을 만들어 사용하고 있다. 구체적인 크기와 만드는 방법은 소도구 제작법에서 설명하기로 한다.

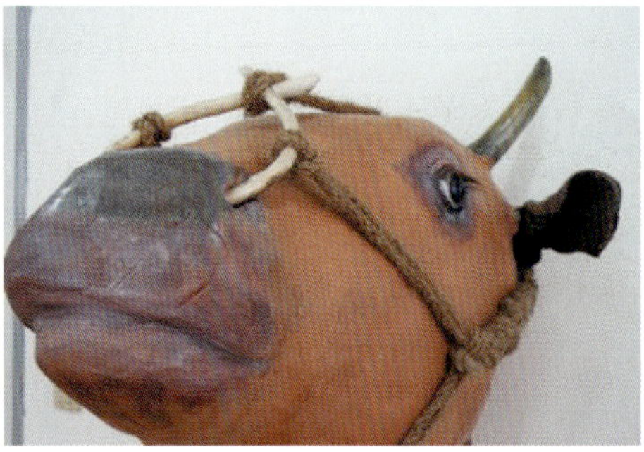

큰소의 머리

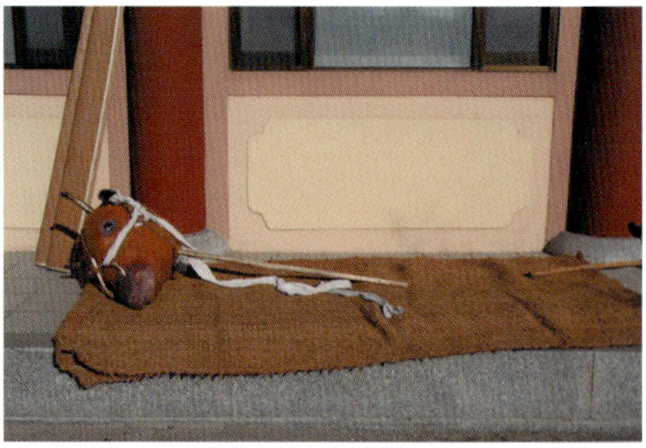

큰소의 머리, 몸통, 꼬리

큰소

송아지

2) 기

양주소놀이굿에는 중요무형문화재 70호로 지정되면서 양주소놀이굿을 상징하는 깃발을 만들었다. 흰 바탕에 가장자리에는 붉은색과 푸른색의 지넷발이 달려 있다. 기는 두겹으로 해서 양쪽 면에 다 같이 <국가중요무형문화재 제70호 양주소놀이굿 보존회>라는 글을 써 넣었다. 머리에는 용머리를 올렸고 끝에 꿩장목을 꽂았다. 이 깃발은 공연시 길놀이를 할 때 맨 앞에 세운다.

보존회 깃발

3) 악기

악기는 길놀이 할 때 꽹과리, 제금, 징, 장구, 태평소, 북 등의 타악기가 쓰인다. 그리고 공연 중의 반주악기에는 장구와 피리, 해금 등이 쓰인다. 현재는 해금 주자가 없기 때문에 피리와 장구가 반주를 담당한다.

꽹과리

제금

징

장구

북

피리

3. 재담과 타령

소놀이굿이 문화재로 지정되기 이전에는 재담과 타령 등의 사설이 구비전승되면서 각 마부마다 조금씩 다른 개인적인 전승본이 존재했다. 우용진, 고관성, 이석렬, 조만봉 등이 개인마다 제 나름의 사설을 가지고 있었음은 이런 까닭이다. 즉 구비전승이 직접 실현되던 시기에는 개인차가 있는 소놀이굿의 재담과 타령이 존재했고, 따라서 전승본도 마부에 따라 달랐다.

그러나 문화재 지정 이후 소놀이굿이 공연화되면서 통일된 연희본의 필요성에 의해 하나의 전승본이 만들어 지게 되었다. 이 전승본은 지속적으로 가다듬어져서 2006년 현재 소놀이굿 전수회원들의 교육 교재로 쓰이고 있다.

소놀이굿 이본별 타령 비교 일람표

번호	1967년 본	김인기 본	현 전수교재
1		주받이	주받이
2	마부타령	마부타령	마부타령
3	마부노정기	곁마부타령	곁마부타령
4	보물타령	소지명	소지명
5	마부대령인사	절내력	절내력
6	소머리 치레	은자보물	은자보물
7	절내력	빛깔 내력	빛깔 내력
8	뿔 치레	머리 치레	머리 치레
9	귀 치레	뿔 치레	뿔 치레
10	눈 치레	귀 치레	귀 치레
11	입 치레	눈 치레	눈 치레
12	이 치레	코 치레	코 치레
13	혀 치레	입 치레	입 치레
14	꼬리 치레	혀 치레	혀 치레
15	다리 치레	이 치레	이 치레
16	굽 치레	꼬리 치레	다리 치레
17	빛깔 치레	다리 치레	굽 치레
18	글 가르치기	굽 치레	꼬리 치레
19	마부치장	길마 치레	굴레 치레
20	굴레 치레	굴레 치레	길마 치레
21	길마 치레	마부치장	글 가르치기

22	종자타령	논밭 갈기	논밭 갈기
23	(소흥정)	글 가르치기	종자타령
24	말뚝 타령	부인치장	마부치장
25	부인치장	종자타령	부인치장
26	집치장	말뚝타령	말뚝타령
27	과거풀이	집치장	집치장
28	축원	(소흥정)	(소흥정)
29	살풀이		
특징	-경사굿과의 연결선상에 있으므로 주술성 강함. -즉흥성·현장성 강함. -서사 내용이 일관성 떨어짐.	-경사굿에서 무대공연본으로 독립. -대본으로 고착화. -내용상 서사적인 흐름 가다듬어짐	-김인기 본보다 서사적 일관성 더 커짐.

1) 1967년본 재담과 타령

이 자료는 이두현과 최길성에 의해서 채록된 것이다. 주제보자는 우용진, 고관성, 이석렬 등이다. 소놀이굿이 오늘날의 모습처럼 고정되기 이전의 가변적 실상과 가능성을 다양하게 보여주고 있다.

무당: 마부우, 소장수우, 소장수우(송아지가 대문을 향해 돌아서서 마부와 소를 인도해 들이는 시늉으로 뒷걸음질쳐 들어온다. 원마부가 전립과 전복에 홍띠를 띠고 오른손에 삼신부채를 들고 왼 손에는 소의 고삐를 잡고 천천히 들어온다. 소의 고삐는 명주나 무명으로 만들었고, 곁마부는 보통 복색을 갖추지 않고 원마부를 따르며 채찍을 든다.)

마부: 야 소장수가 뭐냐? 소장수 서방님이라고 해라.(소와 송아지가 서로 맞부비다가 송아지가 뒤로 돌아서 앞으로 나와 선다. 소와 송아지 꿈틀꿈틀 한다.)

무당: 소장수 서방님

마부: (왼손에 고삐를 잡은 채) (타령조로) 기산(箕山), 영수(潁水), 별건곤(別乾坤), 소부(巢父) 허유(許由)가 나를 찾나? 천하문장 김생원이 풍월을 허자 나를 찾나? 수양산의 백이숙제(伯夷叔齊) 채미(採薇)차로 나를 찾나? 상산사호(商山四皓) 네 노인이 바둑을 두자 나를 찾나? 진대(晋代) 풍유(風流) 자랑코자 죽림칠현(竹林七賢) 나를 찾나? <李錫烈 補充歌詞>: 부춘산(富春山) 엄자능(嚴子陵) 간의

대부(諫議大夫)를 마다하고 칠리동강(七里桐江) 일사중 함께 가자 나를 찾나? 설중의 기렴(려), 맹호연(孟浩然)이 방맹(매) <高寬成 補充歌詞>: 상마(매)차 허자 나를 찾나? 일월호우 파군신이 모금을 가자 나를 찾나? 남양초당(南陽草堂) 와룡선상(臥龍先生) 병서를 읽자 나를 찾나? 초한시(楚漢時)적 장자방(張子房)이 퉁소부자 나를 찾나? 당 명황(唐明皇) 양구비(揚貴妃)가 구벼화전(후면화개) 너른 꽃밭 물을 주자 나를 찾나? 원통하다 서러운 정, 옥황님이 알으시고 구원코자 나를 찾나? (高寬成: 진나라 진시황은 만리장성을 싸신 후에 아방궁에 높이 앉아 육국제후를 조공받고 삼천궁녀 시위할제 함께 놀자 나를 찾나? 진양초당 백낙천이 비파듣자 나를 찾소?) 서여군사(서역원사) 백마호우 견우직녀 찾으려고 황포로 지나면서 함께 가자 나를 찾나? 퐁퐁우(風風雨)옛 천지에 날 찾을이 없건마는 어떤 정든 님이 나를 찾나? (李錫烈: 어느 아가씨가 나를 찾나?) (金春成 補充歌詞: 무당의 잡년이 나를 찾나?)

무당: 소장수 서방님 어쩐 잔소리가 그렇게 많소?

마부: 여자는 맹추라 듣지 못하고 잊어버리기도 잘 하니 똑똑히 알라고 여러 말 한거요.

무당: 그러면 소장수 서방님 이름은 뭐요?

마부: 내 이름을 알랴거든 똑똑히 들어라.

무당: 그럼 한마디 해 보시오.

마부: (타령조로) (우룡진씨의 경우) 황성(산성) 폐하의 임금 우자는 성자가 되어 있고, 동해 수궁이 용룡자는 가운데 자 되어 있고, 천상 옥경에 별진자는 우룡진이 분명하니 자세히 똑똑히 알겠느냐?

무당: 그 소가 어디서 온 소요?

마부: 저 하늘 끝 단 데서 왔에요.

무당: 하늘 끝 단 데가 어디란 말이요?

마부: 충청도 지방이요.

무당: 거기가 하늘 끝 닿았에요?

마부: 그럼요

무당: 그 으째 하늘이 그렇게 끝이 닿은 거 그리 가깝소?

마부: 거 한 두 십린줄 아우? 거기두 멀우. 그 산 넘어 가면 또 하늘 있고 또 하늘 있어.

무당: 그건 남의 하늘이지 우리 하늘아네요.

마부: 아 그럽니까? 그럼 얘길 들어 보오. (타령조로) 충청두 내포(內浦)로 소를 사가지고 삼남(三南)에 삼도(三道)를 다 구경해 경기도루 치치달아, 정월 보름 달맞이요, 꽃이 피면 꽃맞이요, 잎이 피면 잎맞이, 칠월 칠석에 칠석맞이, 시월 상달에 신곡(新穀)맞이, 온갖 정성을 다 드린다지만 장단대루 나려서서 일년 허구 열두 달 과년은 열석 달 사월 삼백 육십 일에 일년 농사를 잘 지었다구 소놀이 정성을 드린다기에 구경차로 가는 길에 그저께 어저께 의정부 장을 들고 서산의 동명 돌아드니 오영문(五營門) 수억수에 각영문 취태(吹打) 벌려 놓고 덩기덩기 덩덩더꿍 잽이 소리에 타자니 명 못 타고 복을 타자니 복 못 타고 웬수같은 시(時)를 타서, 이댁 가중에 들어를 올 제 이운지고 시년져서 놀고 가자 들어왔네.

(김완손 보충가사: 내포에서 소를 사가지고 올라오는데, 꿈틀꿈틀 뱀내장은 징그러서 소 못 팔고 어깨 너머 뒷길장은 돌아섰다 소 못 팔고 코 풀었다 홍내장은 코 풀다가 소 못 팔고 방귀 꼈다 구린내 장은 구린내 나서 소 못 팔고 왔다갔다 가래비장은 왕래하다 소 못 팔고, 의관철파 갓바위장은 갓이 없어 소 못 팔고, 이댁 가중 문턱을 마침 지나려니 오영문 취태 소리가 청천에 떠서 들리는 바람에, 이 소에게다 은산에게 은을 뜨고 수물 천냥을 잔뜩 싣고 들어왔으니, 이 소는 이운지고 시운진 소니 이댁 가중에서 사슈.)

무당: 그 소가 이년지고 신년져서 들어왔대니까 거져 들어올 리는 만무구 보물을 많이 실코 들어왔으니까 인자 보물을 타령으로 잘 올려 주우.

마부: 남의 집 재산을 수탐하지 말우. 만약 없어지는 경우에는 재물쇠 챈 방으로 갈 사람은 당신 밖에 없소.

무당: 그런 거 아니네요. 난 괜찮으니 잘 타령으로 하우.

마부: (타령조로) 단군 천 년 기자 천 년 이천 년 이룩허니 삼각산에 기봉(起奉)하여 봉학이 넘짓 되었구나. 봉의 머리에 터를 닦아 학의 등에 대궐 짓구 대궐 앞에는 육조(六曹)로다. 여기저기 오영문 십이대장 결진하고 아랫 대궐을 이룩허니 웃대궐 없을소냐? 각도 각읍을 마련하니 각 동넨들 없을소냐? 존이에 집간을 마련허니 병자 소임이 없을소냐? 이댁 가중 진연에서 와가(瓦家) 성주도 이룩을 허고 대가 성주도 성주도 이룩헐 제, 천금산(千金山)의 금을 뜨고 만금산(萬金山)의 은을 뜨고 명산(命山)에 가명을 뜨고 복산

(福山)에 가선 복을 뜨고 재수산에 가 사망 뜨고 삼신산에 재수를 받아 은자 보물은 수물천냥 한 쪽엔 달이 돋고 또 한 쪽에는 해가 돋아 일광이면은 월광이요, 월광이면은 일광인데 일광 월광 단월장에 아무 댁 가중에 진연이요.

무당: 그렇게 많이씩 들여왔으니 그 소가 어여쁘구 얌전하구 똑똑허구 소두 좋으니까 원마부두 다령(待令)하구 곁마부두 다령했소?

마부: 예, 마부 다령했소.

무당: 그럼 타령으로 한 번 들려 주우

마부: (타령조로) 원마부도 다령을 허구 곁마부도 다령했소. 각도 각읍 각마부 어떤 마부를 섬리리까? 외사부(外事部)에 다령마부, 내사부(內事部) 앞엔 마부. 좌편 우편에 평마마부, 주유 대유에 죽산 마부 관공(官公) 앞에는 주창마부(駐車馬夫) 신랑 앞에는 말마분데 어느 마부를 섬기리까? 원마부 곁마부 다령했소.

무당: 그러면 그 소가(와) 그렇게 원마부 곁마부가 잘 들어왔으니 그 소 마모색을 한 번 물어 봅시다.

마부: 소 마모색이라니요?

무당: 소가 어떻게 생겼나 말이에요.

마부: 소가 소같이 생겼지 어떻게 생겨요.

무당: 아 그 머리를 타령으로 옮겨주우.

마부: 그럼 들어 보시겠오? (타령조로) 용대기(龍大旗) 우에는 용두머리 남사당패 꼭두머리 남산으로 누여머리 용산 삼개는 돌머리요 양근 지평에 용머리 인력거군에는 상고머리요, 꼬불꼬불은 곱수머리(이석열: 아이 머리는 더벅머리, 서양 사람은 노랑머리), 너울너울은 조바머리, 구시월이 돌아오니 울긋불긋 단풍머리, 칠십 노인의 헌머리냐, 늙은 마누라 쳇머리냐, 낭자 쪽도리 큰머리냐, 만신 마누라 엉둥머리냐, 서가세존(釋迦世尊)의 공덕머리냐(고관성: 동삼 석다리 다 지나고 돌아간 봄이 다시 오니 파릇파릇은 잔풀머리, 이십 안 처녀는 누여머리), 어떤 머리를 섬기리까? (오복삼 보충가사: 잎이 피면 잎머리, 꽃이 피면 꽃머리요, 이마가 벗겨져서 대머리, 더벙추 도가머리.)

무당: 그 중한 머리를 셈기면 셈겼지, 왜 만신마누라 응덩머리를 왜 섬기오?

마부: 응덩머리를 아니 넣을 수가 없소.

무당: 왜요?

마부: 제일 소중한게 그 응덩머리요.

무당: 그 으째 응덩머리가 소중해요?

마부: 그 응덩머리는 원두 나구 사또두 나구 대통령두 생기구 국회의원두 생기구 시체 병장두 생기구 깡패도 생기구 여러 가지가 생기는데, 그 요둥머리를 아래 위를 툭 잘라 버리고 응덩머리만 해도 값이 쇠머리 값보단 많소.

무당: 아 잘라 버리면 사람이 사나요?

마부: 발을 두면 도망을 가고 대가리를 두면 밥을 먹으니까 아래 위를 잘라 버리고 가운데만을 두지요.

무당: 그럼 썩어 빠져서 어떻게 해요?

마부: 아 그런가요?

무당: 이 집이 이년지고 시년져서 들어왔으니까 대청 성주허구 서로 사귀여서 인사를 드려야겠으니 들이 숙백 내 숙배 삼숙백 절을 섬기오

마부: 절의 내력을 한번 들어보시려오? (타령조로) 고령으로는 보광사 절이요 불곡산(仏谷山)으로는 백화암사(白華庵寺) 수락산으로는 석림사(石林寺) 도봉 망월사 천축사(天竺寺) 백운대 너머는 원통사(圓通寺)요, 경성 시내는 각황사(覺皇寺), 협천하고도 해인사(海印寺)절, 금강산의 유점사(楡岾寺), 묘향산의 보현사(普賢寺)요, 과천 관악산의 삼막사(三幕寺)요, 경상도 양산의 통도사절인데, 어느 숙배를 섬기리까?(이석열: 염불암도 절인데 어느 절을 물으시오?) (고관성: 창동위에는 각심절이요, 장안사절도 절이요, 경태사절도 절이요, 장단으로는 화장사요, 감박산은 봉암사(鳳岩寺)요, 전안청에는 큰 절인데 어떤 숙배를 섬기리까?) (절타령을 부른 다음에 성주에게 인사를 시키기 위하여 봉당에 서 있는 구경꾼을 비켜서게 하고 마루 대청을 향해 소가 절을 세 번 하게 한다.)

무당: 대가리가 그렇게 찬란하고 좋을 때는 뿔도 좋을 테니 그 뿔의 타령을 한번 잘 올려주우.

마부: 그럼 들어보겠소? (타령조로) 우각뿔이면 작박뿔이냐? 쌍쌍 을러라 사족뿔(발)별백인 노구거리흑각(黑角)비나는 물소뿔이요, 대천 바다의 새우뿔, 인삼 녹용은 사슴의 뿔이요, 정월 보름 횃불인데 만신 마나님 쥐뿔이나 아느냐? 무신 뿔을 섬기라오? (고관성: 뚤뚤 말아라. 방석둘 천지조화는 번갯불 여울여울이 해태뿔 떡가루치는 쳇불이며, 오여름 염천 모깃불, 만신 아주머니 고뿔인데, 어떤 뿔을 섬기리까?) (오복삼: 건방진 중뿔 못된 송아지 엉덩이 뿔이고, 우슨 것은 노

우뻘 천지조화 번갯불, 인간조화 전기불).

무당: 뿔이 참 좋군요. 그렇게 좋은 뿔을 얼른 아르켜 주지 않아서 갑갑하오.

마부: 뿔 좋다고 빼가지 마오.

무당: 그건 빼다 뭘해요?

마부: 등잔 밑에다가 매달지요.

무당: 아 참 그런가요? 그럼 뿔도 찬란하고 좋은데 귀도 좋겠지요.

마부: 귀야 좋구 말구가 있에요? 넙적한게 참 좋습니다.

무당: 타령으로 한번 들려주오.

마부: 그리시오. (타령조로) 열귀냐, 떨어진 귀냐, 나무로 올라 잎사귀, 잎사귀 밑에는 가장귀. 가장귀 밑에는 토막(木枕)귀, 토막귀 밑에는 뿌렁귀, 나무꾼의 수건귀냐? 총각되령님 당지(唐只)귀, 아주먼네는 초마귀요, 상제님네는 두건귀, 외발가지는 돌쩌귀냐? 두발 가지는 까마귀, 세발 가지는 풍농귀, 네발 가진 건 당나귀요(이석열: 세발 가진 삼발귀, 네발 가진 당나귀) (오복삼: 목화밭의 씀바귀, 포전 밭의 사라귀, 선비님의 유건귀), 앵무 공작이 지저굴 때 소래 듣던 토끼의 귄데, 무슨 귀를 섬기리까? 만신 아주머니의 걸래귀는 알고도 아니하오.

무당: 걸레귀란 무슨 말이요?

마부: 종로 한 마루턱에서 신사 양복을 입구서 왔다 갔다 하는 양복쟁이 넥타이 귀같이 축 늘어진 걸레 있지 않아요?

무당: 여보 그런 말이 어디 있어요? 다 듣기 싫소. 그만 두오.

마부: 그럼 다른 거나 합시다.

무당: 뿔도 그렇게 좋고 귀도 그렇게 좋고 다 좋으니까 그 눈도 좋겠죠? 소 눈이 무슨 눈인지 한마디 들려 주시오.

마부: 그럽시다. (타령조로) 산중이 영웅 범의 눈, 모들띠기는 가재미 눈이요. 발샅에는 티눈이요 (이석열: 발 사이에는 티눈이요), 꽁무니 백힌 꼴뚜기눈, 뜨고도 못보는 해태눈이요, 천하명산 승지간에 경개보던 토끼의 눈, 적토마(赤免馬)를 제껴타고 조승상을 좇아갈 때 부릅뜨던 범의 눈인데, 어느 눈을 섬기리까?(오복삼: 관운장의 봉의 눈, 휘휘둘러 몰래눈, 내려 닫힌 것은 거적눈, 꽁무니에 박힌 건 오징어 눈, 옆댕이에 박힌 것은 가자미 눈, 슬금슬금 게눈, 정이 깊어 속눈, 그믐칠야에 잘 보는 것은 올빼미눈).

무당: 그 소 눈도 그렇게 좋고 하니 입은 어떤 입인지 들어봅시다. 타령으로 잘 한번

해주시오.

마부: 그럼 들어보시오. (타령조로) 양류(楊柳)청천의 버들 입이냐? 사시장춘의 솔입이냐? 들낙날락은 들입이냐? 주엉같은 용마의 입이냐? 우수 경첩이 돌아오니 떨어졌다 개구리 입, 넙적허다고 미여기 입이요, 키가 크다 난초입이요.(고관성: 키 큰 것은 파초입이요), (오복삼: 들낙날락 출입이요, 벙긋벙긋 웃는 입은 엄마의 얼굴을 쳐다 보고, 생글생글 웃는 입은 노총각을 희롱하고, 벙글벙글 웃는 입은 꽃같은 시약시를 연애하고, 노기등등 성난 입은 대자 두치나 나와있고, 희색이 만면 웃는 입은 얼골이 메꽃 같고, 두 입을 한 데 모면 새 입도 생긴다네. 허연 갓은 백입이요, 상제님의 방입이요, 감정 갓은 양입), 산초 지초(芝草)모란화 꽃 따먹던 토끼의 입인데 어느 입을 섬기리까? 입 맞추지말오, 법중 여자 되오.

무당: 입이 그렇게 좋으니 이는 어떻게 됐소? 이의 내력을 한번 들어봅시다.

마부: 그러시오. (타령조로) 흙을 이뤄 지어낸 이 토금으로 지은 이냐? 돌을 때려 뽑아낸 이 석금(石金)으로 지은일까? 동서양의 나온 금은 합성금으로 지은 이냐? 제삼시 점지하니 만복없는 옥니로구나. 이이 저이 다 저쳐놓고 천하명산 승지간에 꽃 따 먹던 토끼의 이인데 어느 이를 섬기리까? (오복삼: 번쩍 떠는 앞니고나, 앞니 곁에 어금니, 어금니 곁에 송곳니, 송곳니 곁에 붙은 건 덧니구요, 안으로 수굿한 건 옥니구요, 장사꾼의 대이(大利)본전합해 곱장이, 쇠불알의 진드기, 개불알에 도앵이, 누습한 방 베룩이)

마부: 이가 좋다고 옥니(玉齒)라고 있오, 빼다가 치과에 팔아먹지 말우.

무당: 그건 왜 빼가요?

마부: 그렇다면 모르지. (타령조로) 여보 만신 들어를 보려오? 쇠(舌)의 내력을 들어를 보오, 경상도(황해도?) 자령 쇠냐? 전라도 오비철 상철 토찰애에 유기방짜(당철?) 그런 쇠가 아니오며 수풀 밑에는 배암의 쇠요, 산지고 앉은 거북의 쇠요, 비륵연에는 미륵쇠요, 인도 옥연엔 난간쇠요, 절궁수에는 나사쇠요, 각 대장간의 기인 쇈데 우리 소 쇠는 짚신짝 쇠니 이 쇠 저 쇠를 다 버리고 육쇠라고 지으리오 (오복삼,: 잠근 문엔 열쇠구요, 열린 문엔 자물쇠, 안성유기 놋쇠구요, 누른 것은 주석쇠, 검붉은 건 황철쇠고, 기차엔 장철쇠요, 다리 난간 홍여쇠요, 금은 동철이 전부 쇤데 어떤 쇠를 섬기리까?)

무당: 꼬리는 어떤 꼬린지 타령으로 섬겨보오.

마부: (타령조로) 앉은 고리는 동고리요 선 고리는 문꼬리. 조화많은 용의 꼬리냐? 나

는 꼬리는 꿩꼬리, 나무꾼의 지겟고리 총각 되련님 당기 꼬리, 아주먼네의 초마 꼬리, 석까래조종(祖宗)은 가재미꼬리, 신농씨의 백초약 이슬떨던 토끼의 꼬리 인데, 어느 꼬리를 섬기리까?(이석열: 있고도 없는 노루꼬리)

무당: 거 꼬리 참 좋습니다.

마부: 그 꼬리가 그렇게 좋으니 잘라다가 총채 만들지 말우.

무당: 여보 산 소 꼬리를 누가 자른단 말이요? 그런 말씀 허지두 말우.

마부: 아 그럼 안심하겠오.

무당: 그 소가 그렇게 찬란하고 좋으니 다리와 굽이나 이런 것 들을 골고루 좀 빼놓지 말고 섬겨주오. 이번엔 다리가 그 무슨 다린지 다리를 좀 타령으로 올려 봅시다.

마부: 그럽시다. 만신 들어보시오. 다리 타령을 할 것이니 잘 똑똑히 들어 보시오. (타령조로) 동대문 밖으로 북차다리냐? 동대문 안으로 두다리, 종로로 올라 방충교 다리냐? 육조 앞으로 추정다리, 무화관으로 석다리요, 무학고개로 칭칭다리, 남대문 밖을 썩 나서서 염층교도 다리요, 한강으로 내달아 철물교, 인도교, 다리요 (전충성: 남문 밖으로 썩 나서서 굴래방다리요.) 남문 안으로 도로 들어 오줌을 누었다 수표다리냐? 빨래를 헌다 마전(麻田) 다리, 앞을 못보아서 소경 다리에 깨끗치 못헌 오관수(五間水)다리. 네 다리 내 다리 사다리인데 어느 다리를 섬기리까? (이석열: 다리를 볼짝시면 건너 뛰어 징검다리, 옹기종기 돌다리, 가로 누은 외나무 다리, 허공에 떠서 구름다리, 경성시내에 엄중교 다리, 청계천 다리도 다리요), (고관성: 목을 매여 툭 떨어졌다. 자수궁 다리도 다리요, 새문 밖으로 정구다리, 무학고개를 썩 넘어서서 금바위 다리도 다리요, 남대문을 돌아들어 둥글둥글 수박다리, 일락서산의 대다리요, 장작골 다리도 다리인데 만신 아주머니 두 다리요.) (오복삼: 동수문 안 들어가서 백토산을 모아다가 놓은 흙다리도 다리구나. 사해용왕이 놓은 구름다리도 다리구, 오줌을 누는 수표다리도 다리구요, 각 댁 하님 모여설랑 빨래허다 놓은 마전(麻田) 다리도 다리구요, 만신집에 가서 보면 귀헌 아들 명다리도 다리요, 좁은 돌창(도랑창)에 외나무 다리, 큰 개천에 공굴다리(컨크리트) 용산 삼개 노들다리, 팔도 장님이 놓은 소경다리도 다리요, 만신 다리는 두 다리, 소장수 다리도 두 다리요, 우리 소 다리는 두 다린데 송아지 다리는 여덟다

리).

무당: 다리가 그렇게 좋으니 굽도 좋겠군요. 굽의 타령을 한번 들려 주시오.

마부: 한번 들어보오. (타령조로) 북두칠성은 일굽이요, 당 명황의 양구비요, 관청서기의 월굽이냐? 신랑신은 나막신굽.(고관성: 적벽대전 난분 중 분주하다 말굽, 광주 분원의 사발굽, 칠십 노인의 눈꿉이냐? 만신 마나님 배꿉이냐? 어느 굽을 섬기리까?) (오복삼: 정갱이 우에 종지굽이요, 한가운데 배꼽이요, 한달 월급이 봉굽이요, 날마다 받는 건 일굽이요, 잘허면 상굽이요, 못하면 벌굽이요, 경마장 말굽이요, 군인병사 계굽이요, 진날 신는 나막신굽 팔년 풍진 초한 시에 분분허든 말굽인데 어떤 굽을 섬기리까?)

무당: 아 참 굽 좋소이다. 만신 마누라 배꼽을 왜 게다 넣소.

마부: 그게 웃음거리로 한 마디 하는 거라오. 노여하지 말우.

무당: 다리와 굽이 그렇게 다 좋으니 색슨 무슨 색신가? 대관절 색슬 한번 좀 들어봅시다.

마부: 그러시오. (타령조로) 옥동 도화 만사춘(滿四春)에 가지 가지 봄 빛이요, 녹음방초 다 지나고 구시월이 돌아오니 울긋불긋은 단풍빛, 사월 남풍 대맥황(大麥黃) 동서 사방의 누른 빛, 청산의 보은 대추빛이요, 구년지수 비 올 적에 왼수 같은 햇빛이냐? 칠년 대한 가무는데 보기 싫은 볕이로구나. 어느 빛을 섬기리까? 우리 소의 빛은 황색이요, 황색을 모르건 누렁 소란 말 똑똑히 들어두시오. (오복삼: 꽃이 피면 꽃빛이요, 동지 섣달 설한풍에 천지가 눈빛이요, 메빗 참빗 얼네빗 구년지수 비오는 날의 반갑구나 햇빛, 오동추야 긴 긴 밤의 동창의 달빛, 유상앵비 편편금에 날라드는 황금빛, 앞 내 버들은 유록빛, 뒷 내 버들은 초록빛, 앞 뒤 동산 도라지 꽃에 초록 빛이 찬란한데 어떤 빛을 섬기리까?)

무당: 소가 말귀가 그렇게 밝다니 글도 잘 배우?

마부: 잘 배죠. 가르쳐 주는대로 다 알아요.

무당: 그럼 어디 한 마디 가르쳐 보시오.

마부: 들어 보시오. (타령조로) 자시(子時)에 생천을 하니 구후청정의 하날 천(天) (소에게 대사로) 번쩍 들어라. 옳지 (소가 머리를 든다). (타령조로) 축시에 생지하니 만물 장성은 따지(地) (대사로) 내려 수그려 옳지 (머르를 숙인다). (타령조로) 춘풍세우호시절에 연주 남낭 감을 현(玄). (대사로) 누은단 말이야 (타령조로) 동서 사방의 몇 만리냐, 중앙 황토는 누루 황(黃). (대사로) 소 입 맞추라는 격이야.

(타령조로) 법중 율(律)법 중 여(呂)자 춘향아 술 부어라 넘쳐 간다 기울 책. (대사로) 자꾸 하니깐 고만 하라구.

무당: 여보 소장수 서방님. 소도 그렇게 똑똑한 걸 가지고 댕길 적에는 의복도 똑뙤이 입었을 게구 외양도 똑똑허니까 잘 채렸을 터이니, 채림채림을 타령으로 한번 들려 주시우. 들어봅시다.

마부: 예 어렵겠오. 죽어서 무당의 입도 빌어 허는데 살아서 내 입으로 허는 거야 못하겠소. 들어 보시오. (타령조로) 백공단 바지냐 법단(法緞)저고리 왜단(倭緞)조끼 떨쳐입고 법수화주 마고자에 거영나니 속버선에 몽고삼승(三升) 덧버선을 모양있게 신었구나. 찬포단 댄님을 하나 일자로 제겨매고 남대단 허리띠는 무릎아래 느즈 매고 허리 불쑥 염랑에는 쪽 삼끈이 제격이오, 홍공단 주머니에 북두칠성에 수를 놓아 주홍방단의 열매듭은 모양있게 졸라 매고, 백수 화주 두루매기에 남갑사 전복을 떨쳐입고 남전댕이 띠를 띠어 타꼴치 미투리에 나 꼬리 들메 제격이요, 의열낭금은 쥐꼬리당줄, 개미상투는 산호 동곳 호박 풍잠 달았구나. 안올림 벙거지 밀화파양에 남일광단(藍日光緞)으로 안을 받쳐 수문갑사 너른 끈을 양 귀 밑으로 졸라매고 소상반죽(瀟湘班竹) 육렬채찍 오른 손에 넌짓 들어 미러 툭쳐 늘아가니 구군복이 제격이라.

무당: 참 잘 채리셨습니다. 뉘 집 서방님인지 남의 속 많이 쎅였겠소.

마부: 그런 줄 알고 당신도 반하지 마시오.

무당: 그렇게 좋고 찬란할 제는 굴레도 잘 짰을 테고 관자도 좋을 테고 허니 타령을 한 마디 잘 들려주시오.

마부: 그럽시다. (타령조로)외령 미명 전폭에다 삼색 물감을 갖추 들여 보기 좋게 어울려서 양산겹 당모겹에 양귀밑에 쌍열베며 느름나무 코뚜레에 관자 치장을 볼적이면 명주 팔사십이겹을 보기 좋은 은장식은 술상모(象毛) 물렸구나. 듣기 좋은 풍경소래 양귀 밑에 달았구나.

무당: 굴레를 잘 짜서 보기가 좋습니다.

마부: 여보 훔쳐가지 말우. 애들 색동저고리 해 입힐려고 끌러가지 말오.

무당: 그런데가 어디 있어요. 남의 소 굴레를 끌러가요?

마부: 그리기 말이요. (타령조로) 느름나무 길마가지에 물푸레나무 송이가지에 버드나무 등우리에 왕굴 숙배 작은치며 반목삼에 제격이요. 삼장 언푹 길마를 지고 함경 쇠나무 껑거리에 양머리 당모차가 숙배 때를 매여 노니 수만석시 끌어들여

도 마사 비로이 천리행이라. (이석열: 길마로 볼작시면 산골길마는 곱창길마, 대체길마는 손길마 직업으로 들어서서 학생으로 책보길마, 장돌림뱅이 잡보길마, 장님으로는 북길마, 무당으로는 장고길마, 농사군에는 괭이 호미가 길마다, 풍경으로 볼작시면 금풍경이면 고대광실 높은 집에 네귀에 풍경달고 광풍이 넌짓부니 왱그렁 쟁그렁 풍경이요, 전라도 소로 호사풍경, 경기도 소는 중쇠풍경, 평안도 소는 죽빛 풍경, 황해도 소는 대자풍경.)

무당: 소가 그렇게 좋은데 말도 잘듣겠지마는 농사를 좀 잘 지어봐야 할텐데, 무신 곡식을 심었나 잡곡 농자씨 타령을 한번 들려주오.

마부: (타령조로) 여주 이천은 자채(自蔡)베냐 김포 통진의 밀다리(密多里)베 청산 보은의는 대초(大礎)베냐 드메 양반의 상투 베 앞에 양반의 양화베냐 허연 백발노인 베냐 일락서산에 저문 베냐 마당 쓰레기 검불베냐 우물 앞에는 새암 베의전 앞에는 상모찰이요 삼수갑산의 수머조 삼에 용강의 모래조 천군만병 오조냐 짝짝 발야진 괭이월 차조냐 익어도 퍼런 건 청차조 꽁지가 몽뚝 박달차조 검군 만병에 오조냐 만리 타국의 왜강낭콩 이팔 청춘의 푸르대콩 초감포수의 깜장콩이냐 무안을 보았다 불구대 콩이냐 참깨냐 들깨 드들깨 양창같은 아주까리 흑두 작두는 개파리 동부 잔뜩 싣고 들어왔네 (이석열: 미력(련?) 하다고 들충벼, 어진 일에 상토찰, 껄떡 프드득 쟁기찰, 알뜰 살뜰은 까투리찰, 시집못간 각시찰, 안성 유기는 양푼찰, 알록달록은 피마자콩, 체수가 적다고 쥐눈이 콩) (고관성: 양원분원의 사발벼, 많이 먹어라 등터지기, 목이 짧아서 석베기며, 목이 길은 이른 일출, 떨어지지 않아서 외찰벼, 톡촉 뛰어라 벼룩조며, 뭉게 뭉게는 개똥차조, 짝짝 벌어져 외발차조, 어떤 두래를 심으실까 흔자 됐다고 홀아비콩이요, 내숭스런 겉푸르대, 쌀쌀한 거는 과부콩이요, 빛이 좋아 적두팥이냐, 맛이 좋은 가래팥, 장에 못가는 양반팥요, 각도 각읍은 골동부며, 앞을 못봐서 소경수수, 무안을 봤다 붉은 수수, 몽창 몽창은 목딱수수, 포고군사에는 육모보리, 육조판서는 녹보,리 심이 좋은 청보리며, 덧부치기는 귀리리오, 맨숭 맨숭은 밀이로다, 떴다 보아라 갱피로다, 허잘 것 없는 것 귀리로다.)

무당: 그 소가 그렇게 찬란하고 좋으니 이집 성주에게 소를 받겠다고 하니 흥정을 해서 팔읍시다.

마부: 그럽시다. 데리고 대니기도 구찮고 멕일 수도 없구 들어 보시오. (타령조로) 소주천이 몇천량에 이륙천 여기로다. 소주천 몇백량에 진주천 몇 천금 이천량 남

으시고 저리 천량 만으시고 수십천량의 떼를 미어 (이석열: 큰 소값은 오천량이고 송아지값은 칠백이른 네량, 두바리 값에 한데 합쳐 오천 칠백 이른 네량이요. 우리가 없어도 아니 팔고 귀가 떨어져도 아니 파니 부르는 대로 내놓으시오) 억수 장마에 비 퍼붓듯 대천 바다의 물밀 듯이 무럭무럭 늘으는 재산 수십백석 되었구나. (무녀가 그 집 주인을 내세워 콩을 담은 木斗에 꽂은 북어에 명주끈으로 된 고삐를 걸어주게 하고 소 값으로 돈을 마부에게 주게 한다.)

마부: 여보 만신 들어를 보오

말뚝의 내력을 아뢰리라. 십리 밖에는 시므나무 십리 안에는 오리나무 한다리 절뚝 전나무냐 마주섰다 은행나무 입을 맞치여 쪽나무냐 아흔 아홉에는 백자나무 열 아홉에 시므나무 낮에 보아도 밤나무야 동에 가 서두 북나무야 앞 뒤 없는 대나무 그런 말뚝은 다 제쳐놓고 원산 말뚝을 대령하오(진행하는 동안에 술을 먹게 되면 이때 <뜸물 타령>을 부른다) (김춘성: 좁쌀 뜸물에 입쌀 뜸물 그런 뜸물은 다 싫고 막걸리도 싫고요. 이바지 약주만을 잡수시오 무슨 안주를 찾으시나. 꺽꺽 푸드득 꾸어도 싫고 돼지융만 주면 잘 먹소이다.)

무당: 소장수 서방님의 부인이 몇이나 되우?

마부: 넷이요.

무당: 넷이면 이름 성명이 무어까요?

마부: 일러주께 들어보오.

(타령조로) 도화만발 점점홍 보기 좋구나 화선이냐 환국방토 돌아오니 떨어졌다 목엽이냐 동지섣달 설한풍에 변치 않을손 송죽이여 넷째 부인은 당신인데 고깔장삼 제격이라

무당: 이름을 들어보니 그렇게 좋은데 입히기는 뭘 입혔는지 의복치장이나 해 주구려.

마부: 그럼 들어보우. 나는 경제 세상이 돼서 겨울살이를 뜯어가지고 여름에 두 벌을 쓰는 목적으로 겨울에는 여름살이요 여름엔 겨울살이요 이렇게 입혀 길르오.

무당: 마누라를 넷씩 두고설라믄 그렇게 입힐 게 없드란 말이요?

마부: 살자구 그러니깐 살지 내가 억지로 붙들어 온 건 아니요.

무당: 그럼 의복치장이나 해 보오.

마부: 그럼 들어보오. (타령조로) 한삼 세모시 백의 고쟁이 안주 당황나 너른 바지주 불란사 덧초 마에 봉모사 어깨걸이 뒷판조끼 속적삼에 견화양산 덧적삼은 비추연풍 달았으니 맵시있게 입었구나 유두분면에 풀머리 단장 비추 비녀 석류 자

매 서북장계 화장 꽂았으니 모양만 질질 깔기누나. 곧은 목버선에 비단 마른신 보기좋기 신었구나. 중등푸리를 볼량이면은 남수인 허리띠에 홍공단 주머니에 술상끈 넌짓 달아 금북 은북 연통귀볼 타레 안경집 채집까지 갖추갖추 달아 차고 오른 손에는 영미소며, 왼손에는 양산을 들고 구명(후면?)화초 구경가니 춘흥 적적 난만개요 봉학 펄펄 날아드는데 부부(보보?) 향풍 긋는 바람 홍도화 낙화 진다.

무당: 그럼 이 집 치장이나 해 보오.

마부: (타령조로) 성주 본향 어드메냐 경상도 안동땅에 제비원이 본일레라. 제비원에 솔씨를 받아 소평 대평 던졌더니 그 솔이 점점 자라 소부동이 되었구나. 소부동이 점점 자라 대부동이 되었구나. 대부동씨 점점 자라 청장목이 되었구나. 청장목이 점점 자라 황장목이 되었구나. 황장목이 일취월장 도리기둥 되었구나. 그 재목을 내려할 제 서른 세명의 역군을 들여 소산 대산을 찾아갈 제 소산 대산 올라가면 고사 정성이 없을 소냐. 왼소머리 받쳐놓고 통돼지 잡아드린 정성 지성으로 축원허니 고사 정성을 마친 후에 금도체 은도체로 동을 을러서를 찍고 서를 을러 북을 비어 어지끈 뚝딱 베어 금도체 은도체로 동을 을러서를 찍고 서를 을러 북을 비어 어지끈 뚝딱 베어 넹겨 궁굴 뚫너 떼를 몰제 원근 산천에 칡을 끊어 양근 양천 흐르는 물에 어리둥실 띠여다가 이치모 하을 적에 갖은 편수가 모였는데, 김편수냐 이편수냐 두 편수의 거동을 보소. 목자 먹통 손에 들고 사방으로 다니면서 대단히 바쁘게 시키누나. 이 집을 이룩할 제 집터 한번을 닦아 보자.

자좌오향(子座午向)쇠를 놓아 사방으로 둘러보니 팔봉산 솟았는데 오봉산 오형제요 필봉산은 장원급제 열일이 날 자리라. 자좌오향의 주추를 놓고 인의예지 기둥세고 삼강오륜 대들보를 얹고 외(外)천지 무궁무궁에다 응천상지 마룻대여 선하자손은 서까래요 우애지심은 평부대며 암기와 숫기와는 아귀로 물렸구나. 용두머리 막새집에 은자추녀 되었구나. 소로 벽부 분명하니 문치장이 없을 소냐. 영창가창에 열미닫이 완자(卍字)창에 가로닫이 국화물림 좋을 시고. 내우분합 물린 후에 와우황토 초적하고 시토시내 새벽 후에 황분지 초배하고 백능화 정배 후에 쳐다보니 소라반자 내려다보니 각장 장판 소란병풍 둘렀는데 천하명화 좋은 그림 여기 저기 붙었구나. 우편을 바라보니 위수의 강태공은 무왕을 보려하고 곧은 낚시를 물에 넣고 어련히 앉은 모양 역력히 그려있고 좌편을 바라보니 주중천자(酒中天子) 이태백이 포도주를 취케 먹고 물 밑에 비친 달을 건지랴하는 양을 역력히 그려있고 또 한편을 바라보니 상산사호(商山四皓) 네 노인이 바둑판을 앞에 놓고 흑기(黑棋) 백기(白棋) 두는 양을 역력히 그려있고 또 한 벽을 바라보니 한 종실 유황숙은 남양 초당 와룡선상 찾아 가느라고 걸음 좋은 적토마를 뚜벅뚜벅 빗겨몰아 앞에는 장비 관우 남양 초당 풍설중에 지향없이 가는 모양 역력히 그려있다. 안방 치장을 볼량이면 용장(龍欌)봉장(鳳欌)에 들미장이요 각개 수령이 자개 함농 반닫이 놓였구나. 서경 석류 산호필통 책그림이 분명하다.

마루 치장을 보량이면 육간대청에 너른 마루 뒤주 쌍쌍 찬장 쌍쌍 탁자까지 놓였구나. 마루 선반을 바라보니 전라도 죽반이며 저장반이 쌯여있고 네귀백이 잔목판에 두리목판 쌓였구나. 부엌으로 잡아드니 놋기명이 분명허다. 은반상에 금반상 광주분원에 사기반상 가득 소복히 쌯여 있다. 솥 치장을 볼양이면 전라도 곱돌솥, 구리솥에 북창으로 무쇠가마 여기 저기 걸려있다. 부엌치장도 그만허니 노적이나 돌아보자. 뒤로 돌아 뒷노적 앞으로 돌아 앞노적 멍애 노적 쌓였는데 윗노적에는 싹이 나고 아랫 노적엔 꽃이 피니 춘화 작작 난만개 봉황이 펄펄 날아든다. 업쪽제비가 뉘였느니 이런 경사 또 있느냐? 이 집 이같이 지였으니 입춘인들 없을소냐? 대문전을 바라보니 <용수보호축재(龍水保虎逐災)> 뚜렷이 붙였구나. 사랑기둥을 바라보니 원득삼산불노초(願得三山不老草) 배헌고당백발친(排獻高堂白髮親) 뚜렷이 붙였는데 마루 기둥을 바라보니 우여맹호는 만인수며 마사이령이현리행 완연히 붙였구나. 광문기둥을 바라보니 금의옥식(錦衣玉食)이 창고만(倉庫滿)이요 선풍도골(仙風道骨)이 우상직 광문전 바라보니 소지(掃地)허니 황금출(黃金出) 개문(開門)허니 만복래(萬福來)라 뚜렷이 붙였구나. 마루 대청 기둥을 보니 벽도춘도(碧桃春桃)는 백성대 가화(家和) 인화(人和)는 만사성 뚜렷이 붙였는데, 마루 대청을 바라보니 응천상지삼광(応天上之三光)이며 비인간지오복(備人間之五福)이라 완연히 붙였구나. 방문기둥을 바라보니 당상(堂上) 백발이 천연수요 슬하자손 만세영이라 완연히 붙여 있고 부엌 문전을 바라보니 삼일은 입주하여 시수는 작강탕 완현히 붙었다. 이만 허구서 사는 집에 사랑 앞에다 연못 파고 연못 가운데다 섬을 모아 섬가운데 육모정 짓고 이댁 가중에 주인 대주 사방 네 귀에 풍경 달아 풍경 소리를 운을 맞차 오현금(五絃琴) 벗겨안고 남풍시를 화답하니 그런 경사 또 있느냐. 이만허고 사는 집에 명과 복을 발원인데 석숭(石崇)에 복을 빌고 강태공의 나이를 빌어 상팔십 후팔십에 발원이로다.

무당: 집도 잘 짓구 부귀공명으로 사는데 자손두 많이 낳았을테니 그 과거(科擧) 풀이나 한번 해 보오. 이만 하고 사는 집에 아들 자손이 나면 공부도 잘 시켰을텐데 공부에 따라서 그 집 아들이 잘 되어 과거하고 벼슬하며 잘 살다 죽었다는 과거풀이를 해보오.

마부: 그럼 잘 들어보려오? (타령조로) 이 집 가중에 어린 아기 한 두 살 세 살 네 살 삼 사인 자랄 적에 오이 붓듯 일취월장 잘 자라니 글이나 한번 읽혀 보자. 천자 한권 읽은 후에 시전 서전에 논어 맹자 사서삼경을 다 배우니, 필법은 왕희지요 풍채는 두목지요 이태백의 문장이라. 이때 하면 어느 때냐. 국태가 민안하고 세화(歲和)가 연풍(年豐)하니 나라에서 태평과 뵈인단 말 풍편에 넌짓 듣고 과장(科場)기구를 채릴 적에 장장창 머리채를 반달 얼레로 설설 가려 보기 좋게 엎어따서 갑사당기를 끝 물렸다. 오복수 저고리에 백공단 바지에 법단 조끼 떨쳐입고 백수화주 마고자 고양난이 속버선에 몽고삼승 덧버선은 모양있게 신었구나. 한포단 댄님은 고무레 정(丁)자로 제겨매고 도리불수 행전에다 오복수 두루매기 남갑사 전복이며 술띠를 눌러 띠고 머리에는 검은 갑사 복건에다 준주 눌림 얹었구나. 서산 나귀 솔질하여 송구 안장 지어타고 앞에는 설동자 뒤에는 밀동자 주아배로 올라가 한양 성내 도달허니 의성문이 여기로구나. 백포 채일은 구름같고 팔도선배 다뫼였다. 글씨를 강론한다. 시지를 펼쳐놓고 황모무심필(黃毛無心筆) 덤뿍 풀어 용연(龍硯)에 먹을 갈아 백능설화 간지상에 일필휘지 선장하니 서시관 보시고 고성대독(高聲大讀)으로 호명한다. 호명소리 반겨듣고 어전에 복지하니 실내를 재촉한다. 머리에는 어성화 몸에는 금폭대 청동 쌍개를 앞세우고 허리에는 호리병요 손에는 옥홀을 쥐고 금안 백마에 높이 앉아 청동 쌍개를 앞세우고 장안하고 대도상에 완완히 실내하니 골목골목 뫼인 사람 인산인해 하였구나. 삼일유가(三日遊街)를 마친 후 본택(댁)을 돌아와서 선산에 소분허고 부모님 전에 배앙(알)하니 이런 경사 또 있느냐? 원근지족 모아다가 대연을 배설허고 삼사일 쉰 후에 다시 상경허였구나. 한림학사 다 지내고 승지 참판 되었다가 내직으로 계셨으니 이런 경사가 어디 또 있느냐?

무당: 소장수 서방님 여태 헌 일도 많지마는, 이 집 축원(祝願)이나 한번 잘 들이시우.

마부: 그래봅시다. (타령조로) 국태민안 범율전 세화연풍 돌아든다. 왕씨 낭군 이후로구나. 이씨가 한양에 등극하니 삼각산 기봉하야 봉학이 되었구나. 봉의 머리에 터를 닦아 학의 등에다 대궐 짓고 대궐 앞에는 육조로다. 여기 저기 오영문 십이대장이 결진하고 삼각산 왕심이는 무학천(청)룡이 되었구 동구재 만리재 백호로다. (고관성: 은하는 걸립자 사바는 서교로다. 남서를 부주잡고 양주같은 대모관 연천같은 소읍이며 근구근명 양위 부처 근시일시 동락으로 한 오백년 늘어갈 제 백대 천손 하옵시고 아나검상 부인마마 상남에는 서방님) 한강이 수궁마다 동적강이 되었으니 조응 남산의 중앙대. 해동 유명의 조선국은 경기 요진의 한양외다. 삼십륙궁의 대모관 면례도 대면례며 동중도 대동중에 이댁 동중 들었구나. 서주를 바라보니 큰 명자 서방님 곤명에도 부인마마 근군근명의 양위부처 근시일시 동낙으로 태조 백년 늙어갈 제 한 두 살이라. 금년생 열 스물의 중남자손 이삼십이라. 상남대주 근구근명 여자 애기 수명장수를 축수로다.

무당: 월액따라 삼재팔난 살풀이나 해서 살이나 막어 주구 그만 둡시다.

마부: 한마디 들어보시오.(타령조로)지나갔던 행운년은 꿈결같이도 갔건마는 올같이 험한 시절에 이 집의 살을 풀어보자. 산으로 올라 산신살 들로 나려 적용살 용마루에는 용충살이요 안마당의 벼락살이요 마루 대청의 성주살 안방으로는 삼신살 거름방으로는 공방살이냐? 부엌으로 주앙살 부뚜막에는 주앙각시 아궁이에는 검덥귀신 사룽에는 댕그렁 각시 굴둑에는 굴대장군 물독에는 용녀부인(龍女婦人) 자루 속에는 부녀각시 쌀독에는 제석 말명 이 살 저 살 휘몰아다가 방맹이 맞은 북어 한 개 탁주 일귀 안동하여 의주 월강 소멸하니 만조옹노 여귀에 부귀 영화를 누리노라 살을 풀어보자 (고관성: 시년 해를 접어들어 몽수대살이 시다하니 몽수대살 풀고가자. 입다 굴러라 청궁살 디리 굴러라 지둥살 오르내려라 요신살 거리 노전에 흥(횡)액살 원도군정 이별살 불이 붙어 화살이냐? 도적을 맞아 실물살 아이를 낳았다. 삼신살 밀물에는 서낭살 썰물에도 서낭살 내색조객 서낭살 이머퉁 저머퉁 서낭살 은하는 그일차 사바를 서겨로다. 온갖 액을 다 풀어서 금일고사 원강천리에 소멸하니 그런 경사가 또 있느냐?)

2) 2006년 3월 7일 현재 보존회 전수교본

〈주받이〉

어라제석 만신몸주 대신제석 대함제석
젠제석에 제불제천 석가여래 세준제석
해가돋아 일광제석 달이돋아 월광제석
자세치는 고깔제석 석자세치 전대제석
백항아리 요왕제석 바가지루 넌출제석
부리제석 신에제석 삼제석님
인에하위 받으시고 신의하위 받으시고
○○년은 해우년에 달로월색 ○월상달
날로공사 ○○○○ 해동은 조선국의
나라터전 오부장네 살아가는 거주도는
경기도로 양주시에 방성이뤄 살아가는
성씨중에 ○씨가중 이정성은 다름아뇨
소놀이정성 받으시고 재수열구 사망생겨
오신손님 복을주고 가신손님 명을줘서
자손마다 높이되구 이름나게 도우실제
몸수일수 만수무강 하옵소사
어라제석 어정잠깐 놀고나셔

만신: 소장수! 소장수! 소장수!

마부: 허, 내 나이 구십춘광인데 반평생을 소장수로 늙었지만 성 한자 이름 두자가 분명한데 소장수라니.

만신: 그럼 성은 뭐고 이름은 뭐요?

마부: 성은 내 가구 이름은 서방님이라네.

만신: 아이구, 내 서방님 소리는 듣고 싶어서. 그럼 불러주지. 내 서방님!

마부: 하 이거 듣던 중 반가운 소리구나.

〈마부타령〉

그누구라서	나를찾나	그누구라서	나를찾나
기산영수	별건곤에	소부허유가	나를찾나
천하문장	김생원이	풍월하자고	나를찾나
수양산	백이숙제	채미차로	나를찾나
설중기려	맹호연이	방매차로	나를찾나
주중천자	이태백이	술을먹자고	나를찾나
상산사호	옛노인이	바둑두자고	나를찾나
당명황에	양귀비가	후원화계	넓은꽃밭
물을주자고	나를찾나	풍풍우우	이첨지외에
날찾을이	없건마는	그누구라서	나를찾나

만신: 영감!

마부: 왜 불렀나.

만신: 보고 싶으니까 불렀지 왜 불렀겠수. 그런데 영감 소장사를 나가면 하두 적적하기에 곁마부를 하나 두었는데 질투는 하지 말고, 곁마부 대령시켜 타령이나 시켜보구려.

〈곁마부타령〉

원마부도	대령하고	곁마부도	대령했는데
어떤	마부를	찾으시오	
외사부에	대령마부	내사부에	입번마부
좌편우편	평마마부	각영문에	고마마부
어사부중에	말마분데	어떤마부를	찾으시오

만신: 여보 영감!

마부: 왜 부르시나.

만신: 그 소 고향은 어디요?

마부: 그건 물어보나마나 지어미 뱃속이 고향이지.

만신: 누가 그걸 물었소, 사온 장을 물었지.

마부: 진작에 그렇게 물어야지. 소를 사온 장은 팔도장안을 두루 다니다 샀는데, 들어 보구려.

〈소지명〉

충청도 내포서 소사가지고 삼남삼도를 다돌아서
경기도를 치달으니 꽃이피면 꽃맞이요 잎이피면
잎맞이 칠월칠석에 칠석맞이 칠월보름에 백중맞이
시월상달에 신곡맞이 왠갖놀이를 다하지만
장단대로 내려서서 일년농사를 잘지었다고
소놀이를 한다길래 구경차로 가던길에 그저께
어저께 의정부 장보고 고산동령 돌아들어
오영문 수악수에 각영문 취태를 벌여놓고
덩기덩쿵 잽이소리에 명타자니 명을못타고
복타자니 복못타서 이댁가중 들어올제 이운지고
시운저서 한걸이 놀자고 들어왔오

만신: 여보 영감!

마부: 또 무언가?

만신: 소를 사오면 성주안전에 절을 해야 하는데, 디리숙배 내숙배 삼숙배로 절이나 시켜 보구려.

마부: 소 절을 시키라니까 타령으로 시키는데

〈절내력〉

동소문 밖으로 영도사절 무네미뒤로 화계사
도봉망월에 천축사요 백운대 넘어로 통도사절
경성시내로 각황사요 수락산으로 석림사절
과천에는 관악사요 합천하고도 해인사절

강원도 금강산 유점사절이요 고령으로 보광사
양주구읍에 백암사 절인데 어떤절을 찾으시오

만신: 여보 영감!

마부: 마누라가 날 불렀나?

만신: 그럼 내가 아니면 누가 불러겠수.

마부: 그래, 왜 불렀소?

만신: 소 사러 가던 날 내가 부탁한 보물은 사왔수?

마부: 사오고말고. 팔도유람을 다니면서 장이라는 장은 다 들러서 좋은 보물만 골라서 바리 바리 싣고 도착했는데, 그 내력을 한번 들어보게나.

〈은자보물〉

단군천년 기자천년 이천년 이룩하여
한양성내 마련할제 삼각산에 기봉하여
삼각산 제일봉에 봉학이 한쌍 내리시어
봉에 머리에 터를 닦고 학의 등에 집지을제
왕십리 청룡이요 둥구재 만리재 백호로다
한강수로 수기를 받고 왕봉산이 안세되어
아래대궐을 이룩하니 윗대궐이 없을소냐
오영문 세워놓니 각영문이 없을소냐
각도각읍을 마련하니 각동네도 마련이요
존의집간을 지어놓니 영좌소임이 없을소냐
이댁가중 진언에서 와가성주도 이룩하고
초가성주도 이룩하여
천금산에서 금을뜨고 만금산에서 은을 떠서
이소등에 갈라실으니
한쪽에는 해가돋고 또한쪽에는 달이돋아
일광이며 월광이요 월광이면 일광인데
일광월광 단월광은 주인댁 가중에 진언이요

만신: 여보, 영감님!

마부: 이건 갈수록 태산이로구나. 또 왜 불렀수?

만신: 사람이나 소나 때깔이 중요하데. 소를 살적에 어떤 빛을 사왔는지 좀 들어 봅시다.

마부: 구십평생 소장수를 했는데 그것도 모를까봐. 소 사는 사람이 빛도 보고 색도 보고 샀으니 들어보게나.

〈빛 내력〉

옥동도화 만사춘에 가지가지 봄빛이요
사월남풍 대맥황에 동서사방 누른빛
유상앵비 편편금에 날아든다고 황금빛
사시장춘 솔잎빛이요 어둠침침 야삼경에 반가운 불빛이요
구년치수 긴장마에 반갑구료 햇빛이요
녹음방초 다지나가고 구시월이 돌아오니 울긋불긋 단풍빛
청산봉운은 대추빛이요 우리소 빛은 황색빛인데
어떤 빛을 찾으시오

만신: 빛내력을 들어보니 어쩌면 그렇게 좋은 빛을 골라 사왔수.

마부: 내가 칠십평생을 소장사로 늙었는데 그런 건 묻지도 말고 깨물지도 말아.

만신: 그런데 영감! 소를 사면 머리가 잘 생겨야 되는데 그 내력이나 들어 봅시다.

마부: 그 내력은 들어보나마나 잘 생겼지.

〈머리 내력〉

양근지평은 용머리요 양근문엄은 두머리
용산삼계 누에머리 용대기위에 용두머리
서양사람 노랑머리 오불고불 곱슬머리 너울너울
조바머리 칠십노인 흰머리 늙은마누라 쳇머리요
낭자쪽두리 큰머리 이십안에 각시머리 당신에
응덩 머리가 제일인데 어떤머리를 찾으시오

만신: 참 잘생겼다. 그런데 영감 뿔내력이나 잠깐 들어봅시다.
마부: 잠깐 좋아하네. 그것도 내가 할 탓이지.

〈뿔 내력〉

우걱뿔이면 작박뿔 별백인 노각뿔
쌍쌍울러 사족뿔이요 둘둘말아서 방석에뿔
위로뻗은건 천지각이요 옆으로 뻗은건 비녀뿔
흑각비녀는 물소뿔이요 개천바닥에 새우뿔
오뉴월 염천에 모깃불이요 정월보름 횃불인데
어떤 뿔을 찾으시오

만신: 들어보니 뿔도 여러 가지구려. 그런데 영감, 귀는 무슨 귀요?
마부: 당신귀도 귀요, 나에 귀도 권데 그 내력을 들어볼 텐가?

〈귀내력〉

열귀면 떨귀요 마른밭에 깜부기
젖은밭에 씀바귀요 사전밭에 사라귀
나무로 올라 잎사귀요 잎사귀밑에 가장귀
가장귀밑에 토마귀요 토마귀밑에 뿌래기
외발가진 돌쩌귀요 두발가진 까마귀
세발가진 통노귀요 네발가진 당나귀
아주먼네 치마귀요 상제님네 두건귀
총각도령 댕기귀요 앵무공작 지저울제 소리듣던 토끼에귄데
어떤 귀를 찾으시오

만신: 듣고 보니 웬 놈에 귀가 그리 많담. 그런데 영감, 눈은 어떻게 생겼수?
마부: 눈은 작고 눈썹이 길면 소가 사나운 법이니 잘 들어봐요.

〈눈내력〉

우리소 눈은 고리눈인데 어떤 고리를 섬기리까
앉은고리는 동고리요 선고리는 문고리
나는 고리는 꾀꼬리요 뛰는 고리는 개고리
오색단청 딱따구리 산중에 영웅은 범에눈이요
뜨고도 못보는 해태에눈 옆으로 박힌건 가재미눈이요
꽁무니에 박힌건 꼴뚜기눈 발사이엔 티눈이요
천하명산 승지간에 경계보던 토끼에눈인데
어떤 눈을 찾으시오

만신: 그 내력을 들어보니 눈도 여러 가지구려. 그런데 영감, 이번엔 코 내력 좀 들어봅시다.

마부: 코도 여러 가진데 그 내력을 듣고 마누라 놀래서 자빠지지 말고 들어보게나.

〈코내력〉

주먹같은 양인의 코요 넓적하다 전병코
번쩍들려 들창코요 훌쩍훌쩍은 어린애코
허리가 잘록 안장코요 평양 나막신 매부리코
늘어 움츠리기 코끼리코요
방장봉래 운무중에 내 잘맞는 토끼의 코인데
어떤 코를 찾으시오

만신: 꿈보다 해몽이 좋다더니 코는 못생겼지만 내력은 참 좋구랴. 그런데 영감, 입은 무슨 입인가?

마부: 구십 당년에 마누라하나 얻었더니 따지고 묻는데, 마누라 입 내 입 다 맞춰 섬겨보자.

〈입내력〉

양류청천 버들잎이요 사시장춘 솔잎이요

들락날락 들잎이요 넓적하다 메기의입

주홍같은 용마입이요 구시월이 돌아오니 울긋불긋 단풍잎

우수경칩 돌아오니 떨어졌다 개구리입

난초지초 웬갖향초 꽃따먹던 토끼입인데

어떤 입을 찾으시오

만신: 역시나 우리 영감이 똑똑하고 영리한지 정이 떨어지다가 타령에 우연히 정이 들거든. 그러니 이번엔 쇠내력이나 들어봅시다.

마부: 입안에 있는 쇠가 긴지 짧은지 재봐야 알지. 하여튼 쇳바늘이 돋으면 먹성이 적은 법이니 쇠내력이나 들어봅시다.

〈쇠내력〉(혀내력)

경상도라 재령쇠요 전라도 부의쇠

경기안성 유기쇠요 토찰장철 노루쇠

시우쇠 무쇠 양은쇠요 방짜청철 구리쇠

만첩산중 썩들어가 산지고돌진 배암쇠

수풀에는 갈강쇠요 이쇠저쇠 먹쇠가 제일인데

어떤 쇠를 찾으시오

만신: 하기는 잘한다만 어쩌면 뚝배기 깨지는 소리유. 그런데 이번엔 이내력이나 들어봅시다.

마부: 내가 이 소 살적에 다른데도 두루 살펴봤지만, 첫째이가 빼드러져 먹성이 좋다기에 사왔으니 귀담아 들어보게.

〈이내력〉

돌을받아 지은이는 석금으로 지은이요

흙을일어 지은이는 토금으로 지은이요
동서양으로 나온이는 18금으로 지은이요
값이적어 불변석이요 옥니 덧니 방석이
홍정사이엔 구문이요 당신과 나와 두사람인데
어떤 이를 찾으시오

만신: 어쩐지 먹성을 참 잘합디다. 그런데 말유 영감! 다리가 작달막한 게 어디 걸어갈 거 같지도 않아.

마부: 소가 다리가 길면 안돼. 내 다리 내력을 이를 테니 들어보우.

〈다리내력〉

동소문 밖으로 복차다리 동소문 안으로 두다리
종로로 올라 방충교 다리 육조 앞으로 표청다리
무악고개에 칭칭다리 남대문 밖으로 염천교다리
한강으로 인도교다리 오줌을 누어 수표다리
앞을 못보아 소경다리요 빨래한다고 마전다리인데
어떤 다리를 찾으시오

만신: 아, 어떤 다리를 찾긴 소다리 찾았지. 내가 뭐, 영감 다리 찾은 줄 알우? 그런데 소가 말이유, 아주 굽이 잘 생겨야 한다는데.

마부: 그렇지. 아주 굽이 잘 생겨야 하니, 어디 그 내력을 한 번 들어보게.

〈굽내력〉

북두칠성은 일곱이요 당명왕에 양귀비요
광주분원은 사발굽이요 소대기위에 접시의 굽
진날신는 나막신굽이요 칠십노인에 눈굽이요
관청으로는 월급이요 적벽대전 만군중에 분주하다 말굽인데
어떤 굽을 찾시오

만신: 굽 내력을 들어보니 아주 곧잘 생겼어. 그런데 말이유, 소는 꼬리가 길어야 한 대요. 어디 꼬리 내력을 들어봐야 내가 잘 사온 건지 못 사온건지 알지.

마부: 꼬리? 그럼 꼬리내력을 한번 들어보구려.

〈꼬리내력〉

앉은고리는 동고리요 선고리는 문고리
나는고리는 꾀꼬리요 나무꾼에 지게고리
오색단청 딱따구리 총각도련님 댕기꼬리
아주먼네 치마꼬리 조화많은 용의꼬리
석가래 조정은 가재꼬리요 신농씨 백초야에 이슬털던 토끼에꼬린데
어떤 꼬리를 찾으시오

만신: 아 어떤 꼬릴 생겨. 소꼬리를 생겨야지. 그런데 말이유, 영감! 아, 소꼬리 내력을 들어보니 참 잘 생겼는데, 그래도 굴레치장을 한 번 해 봐야잖우?

마부: 아, 이 놈의 마누라 촌 놈 할애비 잡듯이 하네.

만신: 그러니 내가 소장수 마누라지. 어서 내력을 한 번 생겨봐요.

마부: 그럼 들어보구랴.

〈굴레치장〉

외얼무명 전폭에다 삼색물 갖춰들여
하삼겹 사오겹에 생삼구겹이 어울려서
양귀밑에 쌍열대며 향나무 코뚜레 치장 볼작시면
명주팔사 십이겹에 백통장식 광못박아
솔상모 물려노니 관자치장이 제격이요
승마고삐 길게늘여 이랴툭쳐 몰아가니 일양백이 빠르구나

만신: 아 여보.

마부: 왜 불러?

만신: 이러나 저러나 말이유, 굴레 치장을 잘 해 놓으니 소가 참 잘 생겼구려. 근데 굴레 치장을 하면 질마가 있어야 될 텐데.

마부: 하, 별걸 다 찾아. 그럼 질마를 한번 걸어 봅시다.

〈질마치장〉

느름나무 질가지에 버드나무 둥우리에
물푸레나무 송이가지요 왕굴속대 살언치에
외포광목은 치싸개요 행경피나무 겅거리위에 번목배때가 제격이요

만신: 질마까지 걸어 놓으니 소가 아주 의젓하니 잘 생겼네. 그런데 이 소가 그렇게 말귀가 밝다니 글도 잘 배우?

마부: 잘 배죠. 가르쳐 주는 대로 다 알아요.

만신: 그런 한 마디 가르쳐 보시오.

〈글 가르치기〉

자시에 생천하니 호호탕탕 하늘천
자축시에 생지하니 만물장생 따지
춘풍세우 호시절에 연주남낭 검을현
동서사방 몇만리냐 중황토색 누르황
법측율 법측여라 춘향아 잔가득 부어라 넘쳐간다 기울책

만신: 그 소가 글도 잘 읽네.

마부: 그럼.

만신: 그 소가 그렇게 똑똑하면 일도 잘 하겠구랴? 농사짓게 논밭이나 좀 갈아 봐요.

마부: 우리 소가 힘이 좋아서 논밭도 잘 갈아요. 내 읊을 테니 잘 들어보아요.

〈논밭갈기〉

수답을 갈면 일정보요 건답을 갈면 이정보

밭을 갈면 삼정보요 이만큼 갈면 그만이지
어느 소는 더가리까

만신: 아유, 소가 아주 논밭을 잘 가네. 그런데 영감 소내력에다 타령을 하다보니 먹을 식량이 없으니 농사나 지어봅시다.

마부: 그것도 좋지. 종자를 갖추어 심는데 들어보게나.

〈종자타령〉

김포통진 밀다리벼 여주이천 자차벼
허연백발 노인벼요 일락서산에 저믄벼
앞에양반 양화벼요 두메양반 상투벼
의전앞에 상모찰이요 우물앞에 새암벼
얼룩덜룩 까투리벼 청산봉운 대추벼
체수가 적어 은방벼 삼수갑산 숭어조요
삼에용강 모래조 톡톡튀는 벼룩차조요
익어도 푸른건 청차조 짝짝벌어진 괭이발차조
꽁지뭉뚝 박달조 검군만병 오조로다
혼자되어 홀아비콩이냐 이팔청춘 푸른대콩
무안당해 붉은대콩 도감포수 검정콩
얼룩덜룩 피마주콩 체수가 적어 쥐눈이콩
만리타국에 왜강낭콩 칠년대한 그루팥이요
구년치수 물팥이요 사모풍대 광대팥이요
흑두작두 개팔이동부 영창같은 아주까리
참깨들깨를 다심었는데 어떤 종자를 찾으시오

만신: 골고루 심었수?

마부: 그럼, 오곡 잡곡 골고루 잘 심었지.

마부: 그런데 영감 의복이 왜 이렇게 초라하우? 농사짓느라 고생했으니 내가 영감 옷

한 벌 해 드리리다.

마부: 허, 이거 오래 살고 볼 일이구만. 마누라가 옷을 다 해주고.

만신: 그러니 어서 마부치장을 한 번 해 봅시다.

마부: 그럼 내 한번 꾸며 보리다.

〈마부치장〉

외얼망건에 쥐꼬리낭줄 개미상투에 산호동곶
호박 풍잠에 광채난다
백공단 바지에 법단저고리 왜단조끼를 걸쳐입고
백수화주 마고자에 고영난이 속버선속에
몽고삼승 덧버선에 한포단 대님은 사람인자로 제껴매고
불쑥 염낭에는 족자삼끈이 제격이요
백수화주 두루마기에 남갑사 전복을 걸쳐입고
홍대단 허리띠는 뒤로제껴 졸라매고
안올림 벙거지에 남일공단으로 안을받혀
유문갑사 넓은 끈은 양귀밑으로 졸라매고
막꼴치 미투리에 장창밖고 굽창밖아 매부리 잔칭걸어
낙꼭지로 들메우고 백통장식 육렬이 채찍 오른손에 검쳐잡고
이랴툭쳐 몰아가니 이만하면 경일소냐

만신: 아주 호사했구려. 뉘 집 서방님인지 남의 속 많이 썩였겠소.

마부: 그러니 그런 줄 알고 당신도 반하지 마시오. 그나저나 나만 호사할 수 있나. 내 마누라 의복치장을 해 줄 테니 입어보우.

만신: 그럼 나도 영감 덕분에 호사 해 봅시다.

〈부인치장〉

남봉항라 대단치마 보라대단 속저고리
길상사 겹저고리 주물란사 속치마에
고양난이 속버선에 몽고삼승 덧버선

남대단 허리띠를 뒤로제껴 졸라매고
홍공단 주머니에 갖은 패물 표주박에
비취연풍 달아차고 귀밑까지 흐튼머리
반달같은 와룡수로 슬슬비껴 동자쪽으로 눌러찌고
서북잠이며 석류잠 발발떨어 새잠이며
맵시있게 연꽃놓아 보기좋게 꽂고
한손에는 금봉차요 또 한손엔 옥지환을
옥색바탕에 운녀신을 맵시있게 신고서
보보향풍 이는바람에 소장수영감이 놀아난다

마부: 그렇게 꾸며 놓으니 마누라도 일색일세그려.

만신: 내가 어디가도 인물이 안 빠진다우. 영감 덕분에 호사하는구랴. 그나저나 이 소를 매 둘 말뚝이 있어야지.

마부: 아 그렇지. 소를 내다 매려면 쇠말뚝이 있어야지.

〈말뚝치장〉

한다리 절뚝 전나무요 방구뀌어 뽕나무
마주섯다 은행나무 낮에봐도 밤나무
십리절반 오리나무 발발떨어 사시나무
무안당해 피나무요 오줌누어 소태나무
사시장춘 소나무요 이나무 저나무해도 원산말뚝이 제격이요

만신: 말뚝을 박으라고 했더니 웬 원산말뚝을 찾고 야단일까. 그런데 영감! 이것저것 갖추느라 고생도 많이 했으니 이젠 집이나 한 채 잘 짓고 살아 봅시다.

마부: 마누라 원이라면 내 한 채 잘 지어 볼 테니 들어 보구려.

〈집치장〉

경상도 안동 들어가 제비원에 솔씨받아

소평대평에 뿌렷더니 아기솔이 되었구나
아기솔이 점점자라 다북솔이 되었구나
다북솔이 넌즛자라 중깃재가 되었구나
중깃재가 점점자라 석가래 중방재되었구나
석가래 중방재 점점자라 도리기둥재 되었구나
도리둥재 넌즛자라 상당 마룻보 되었구나
그 군에 역군 불러 잦은나무는 굽게비고 굽은나무는 잦게비어
근근산에 칡을끈어 뗏목으로 엮어다가
양구 양천 흐르는 물에 이뗏목을 띄워놓고
이물에 이사공아 고물에 고사공아
뗏목간에 노잘지어 마포강두에 대어주오
우리 이 소로 실어다가 그 군에 도편수 불러
잦은나무는 굽게 다듬고 굽은나무는 잦게 다듬어
옥도끼로 찍어내고 금도끼로 다듬어서
사과괴통 아쉬놓고 이집터를 다질적에
어기어차 지경이요 저기어차 지경이요
이집진지 삼년만에 고사한번 잘지냈더니
아들을 낳으면 효자를낳고 따님을 두시면 열녀로다
소를 놓시면 약대가되고 말을 놓으면 용마가되고
개를 놓으면 삽살이 되고 닭을 놓으면 봉황이되고
돼지복은 걸어들고 쪽제비 복은 뛰어들고
구렁복은 기어드니 시시개문 만복래요
청석고석 때려다가 자좌오향 주추놓고 인의예지 기둥세고
만수무강 도리얹고 삼강오륜 대들보에
영천지무궁 대공에다 응청상지 마루대공
슬하자손 석가래에 우애지심 평고대
귓도리 신자추녀 암기와와 수키와를 보기좋게 이어놓고
용두머리 막새집에 아귀토를 물려놓고
위에 황토 초벽후에 시토시새로 이벽하고
황분지로 초배후에 백능지로 이배하고

이만큼 지은집에 입춘이 없을소냐
대문위를 쳐다보니 용수복에 호축재라
대문을 바라보니 춘도문에 진북이요
대문안 들어서서 마루기둥 바라보니
우경백묘 마향천리 상기둥을 바라보니
원득삼산 불로초요 배흔고당 학발친
방문위를 바라보니 당상학발 천년수요 계하자손 만세영
부엌문을 바라보니 왕모는 조금정이요 옥빈은 봉옥반
광대문을 바라보니 시화연풍이 뚜렷이 붙었구나
마루대청 쳐다보니 응천상지 삼광이요 비인간지 오복이라
마루치장 볼작시면 뒤지한쌍 놓여있고 찬장탁자 놓였는데
뒤지위를 바라보니 용춘봉춘이 놓여있고
탁자위를 바라보니 네모백이 잔모판에 육모백이 두루모판
자개반 칠반 두루반이 놓였구나
이만큼 마루치장에 방치장이 없을소냐
치어다보니 소라반자 내려다보니 각장장판
자개함롱 반다지에 각게스리 들메장에
샛별같은 놋요강을 발치발치 밀어놓고
육영촛대 청동화로 옥타구를 늘여놓고
아랫목을 바라보니 어병석류 필통에는 꽃그림이 붙어있고
좌편을 바라보니 남양초당 와룡선생
적토마를 빗겨타고 뚜벅뚜벅 걷는모양 역역역이 붙혀있고
우편을 바라보니 난초지초 모란화초 꽃그림이 붙었구나
이만큼 방치장에 채단이 없을소냐
일락서산 석양단 조화신영 목포단
춘포조포 생단포요 경상도라 안동포
칠승포 은주생주 상동주요
늙은비단은 노방주 젊은비단 생팔주요
척수가 길어 대갈포더냐 폭이넓어 광단포냐
뒤로돌아 뒷노적이요 앞으로돌아 앞노적

멍에노적이 쌓였는데 뒷노적에 싹이나고
앞노적에 업쪽제비 미엄을 내니 춘화작작 난망가라
뒤후원 돌아보니 뒤후원에 연못파고 연못가운데 섬을모아
섬가운데 석치쌓고 석치가운데 육모정 짓고
육모정 가운데 주인대주 난풍가만 불제
대접같은 금붕어는 꼬리만 살살 놀리고
네귀에 풍경소리 덩그렁 덩그렁 잘도 난다

만 신: 새 집도 장만하구 세간도 새로 장만하고 했으니, 아주 소 팝시다.
마 부: 그럽시다.
소장수: 이 놈의 소 누구네 집 소야?
마 부: 이거 어떻게 온 사람이 덮어놓고 누구네 소냐고 물어?
소장수: 소 사러 왔지. 소가 참 생기긴 잘 생겼다.
만 신: 여보, 당신 정신 바짝 차려야겠수. 소 사러 온 사람이 꼭 말도둑놈 같아.
마 부: 어디서 불한당 같은 놈이 나와서.
소장수: 워, 워, 워.
만 신: 정신 바짝 차려.
소장수: 여보게, 이 소 팔건가, 안 팔건가?
마 부: 어, 이 사람 늙은 사람에게 막하네. 여보게 자네, 갈급 들었나보네. 자네 갈급 들었어.
소장수: 여보게.
마 부: 그랴.
소장수: 그러나 저러나 이 소 값이 얼만가?
마 부: 값?
소장수: 어.
마 부: 자네, 얼마나 줄려나?
소장수: 이 사람아, 팔 사람이 결정을 지어야 내가 사지.
마 부: 이거 참. 소가 보기도 좋고, 먹성 좋고, 아깝긴 하네.
소장수: 흥, 아까우면 제기랄 놈의 것, 아니 판다고 하지 왜 판다고 그랬어!

마 부: 이거 마누라 말 들어 볼세.

만 신: 이만큼 말이야, 받고 팔아.

소장수: 워 워 워! 빨리 불러. 이거 해 넘어가!

마 부: 어림없다. 큰 소 값은 오천 냥이고 송아지 값은 칠백 이른 네 냥. 두 바리 값이 한데 합쳐 오천 칠백 이른 네냥 내시오.

소장수: 여보게, 오천 칠백 이른 네 냥은 그만두고, 열 닷 냥 두돈 오푼만 하세.

마 부: 어유, 이게 그러면 너무 밑지는데.

소장수: 아, 이 사람아. 팔기 싫으면 그만 둬! 내 가져온 게 열닷냥 두돈 오푼 밖에 없는데.

만 신: 여보, 이거 섣불리하다 큰 일 나겠수. 아, 여보시오.

소장수: 아, 왜 그러시오.

만 신: 아 깍는 것도 분수가 있지. 그렇게 많이 깍으우.

소장수: 아니, 에누리 없는 장사가 세상에 어딨담.

마 부: 여보, 우전에 댕기자니 사올 때 이만큼 이 물건이 더 많이 뛰었어.

만 신: 뛰었어? 그럼 당신 알아서 하구려.

마 부: 그럼, 그렇게 합시다.

소장수: 그럼 열 닷냥 두돈 오푼일세.

마 부: 응. 그래.

소장수: 자 이거. 셀 것도 없이 바로 열닷냥 두돈 오푼이야, 이거.

마 부: 고만큼만 고이 예정해 가지고 왔나 그려?

소장수: 아, 그럼 이 사람아. 소장사 수십 년인데 예상안도 안 해 가지고 왔겠나. 자 받게.

마 부: 이거 참.

소장수: 여보게, 여보게. 그러나 저러나 매기돈은 자네가 내게.

만 신: 아, 여보, 그 돈을 날 줘!

마 부: 마누라 금액이나 맞나 좀 세 봅시다.

만 신: 어 세어봐야지. 한 냥, 두 냥, 세 냥, 네 냥, 다섯 냥, 여섯 냥, 일곱 냥, 여덟 냥, 아홉 냥, 열냥. 아유, 맞유.

마 부: 맞우?

만 신: 열닷냥 하고 두돈 오푼 맞우.

마 부: 여보, 마누라. 그거 가져다가 술 한 됫박 사다 먹읍시다. 터주대감도 부어주고.

만 신: 어 그럼. 고사도 좀 하구, 아주 여기 술잔치도 한 번 벌입시다.

마 부: 주모! 여기 술 좀 가주와요.

Ⅲ. 연행의 실제

1. 공연준비(준비, 길놀이) – 2. 제석굿(주받이, 거성) – 3. 소놀이굿

1. 공연준비

1) 공연준비

공연 당일 아침에 소놀이굿 보존회 회장님과 총무님이 삶은 돼지고기와 막걸리를 들고 소놀이굿전수회관 뒤편으로 올라가 그날 공연의 무사를 기원하며 간단한 고사를 드리고 내려온다. 축문 등은 없고 막걸리를 뿌리고 절을 하는 정도의 약식으로 진행된다.

2) 무대준비

회원들이 길놀이를 준비하기 전에 제석굿 상을 간단하게 보아 공연장 측면 중앙에 놓아둔다. 상에는 밤, 대추, 사과, 배, 백설기 시루, 막걸리 한 잔 등을 놓는다. 상 옆에는 막걸리 한 동이와, 고삐 역할을 할 말(斗)을 놓아둔다. 말에는 콩을 가득 담아 머리가 위로 향하도록 북어를 꽂아 놓는다.

앞에서 본 상차림

뒤에서 본 상차림

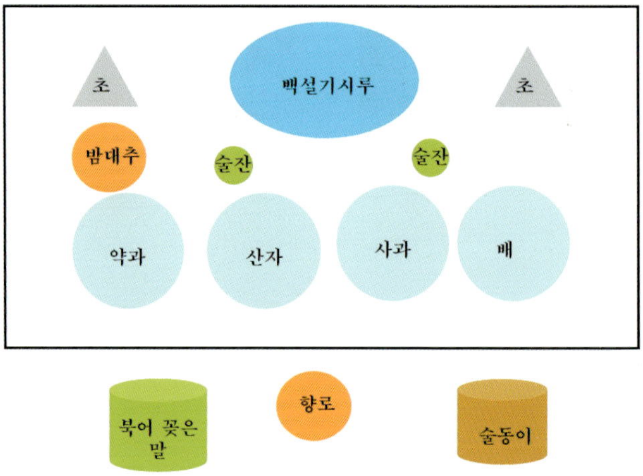

3) 길놀이

길놀이 할 때 서는 순서는 소놀이굿 기, 잽이, 마부, 만신, 주모, 큰소, 송아지, 소장수 순으로 서서 공연장 주변을 돈다. 잽이는 모두 흰 바지저고리에 머리에 수건을 맨다. 서는 순서는 상쇠, 부쇠, 제금, 태징, 장구, 태평소, 북 순이다. 나머지 인물들은 각자 맡은 배역의 복장을 갖추어 어깨춤을 추며 뒤를 따른다.

길놀이

상쇠

제금

징

장구

쇠 → 제금 → 징 → 장구 → 북 → 호적 → 마부 → 만신 → 주모 → 소 → 소장수

길놀이 순서

이때 장단은 삼채가락과 뛰는 가락을 쓴다. 길군악인 삼채가락으로 행진하다가 빨리 갈 경우 뛰는 가락으로 바뀐다. 뛰는 가락은 삼채와 비슷하지만, 삼채를 빨리 치는 것이다.

① 삼채가락

쇠	깽		마깽	깽		마깽	깽		마깽	깽		깽
제금	챙		챙	챙		챙	챙		챙	챙		챙
징	징	짓		징	짓		징		징			
장구	덩		따	궁		따	궁		따	궁	따	
북	둥			둥			둥			둥		

② 뛰는 장단

쇠	깽		마깽	깽		마깽	깽		마깽	깽		깽
장구	궁		따따	궁		따따	궁		따따	궁		따

4) 공연장 입장

길놀이를 마치고 공연장으로 입장하면 공연장 둘레를 시계 반대방향으로 몇 바퀴 돈다. 서는 순서는 길놀이에서와 동일하다. 입장해서 한두 바퀴는 삼채장단을 치면서 천천히 돈다. 그리고 뛰는 장단에 좀 빠르게 한 바퀴를 더 돈 후 본격적인 놀이굿으로 들어간다. 뛰는 장단이 끝나면 장구잽이는 굿상 뒤편으로 가 자리를 잡고, 악사들은 장구잽이의 왼편에 앉는다. 만신은 상을 마주보고 정면에 선다. 다른 등장인물들은 공연장 중앙에서 특별한 대형 없이 흩어져 허튼춤을 춘다.

공연장에 등장해서 시계반대방향으로 돈다.

큰소와 송아지도 같이 돈다.

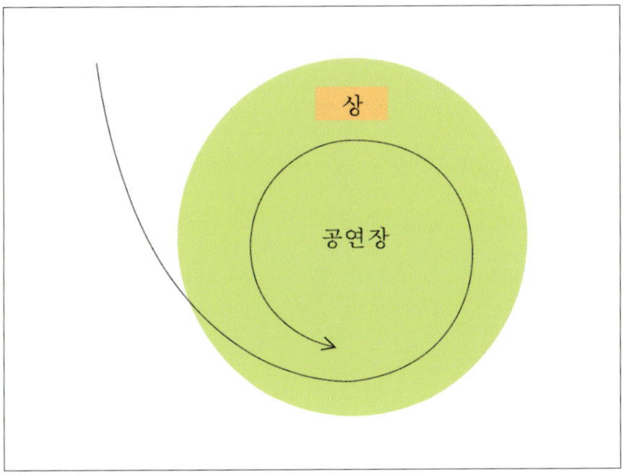

입장후 도는 방향

2. 제석굿

1) 주받이

만신은 상을 마주보고 서서 먼저 잠깐 거성을 한다. 그런 후 장구잽이와 마주 보고 주받이(만수받이)를 한다. 서 있는 만신이 "어라 제석" 하면 앉아 있는 장구잽이가 동일하게 "어라 제석" 하고 받는 식이다.

만신 - 내는 소리						장구잽이 - 받는 소리					
어	라	-	제	-	석	어	라	-	제	-	석
만	신	-	몸	-	주	만	신	-	몸	-	주
대	신	-	제	-	석	대	신	-	제	-	석
대	함	-	제	-	석	대	함	-	제	-	석

주받이 하는 만신과 장구잽이

2) 거성

주받이가 끝나면 만신은 장구잽이의 굿거리 장단에 맞추어 거성을 한다. 이때 부채는 접어서 끈을 가슴띠에 꽂아 늘어뜨리고, 손을 장삼 소매 속에 넣는다.

굿거리 장단

덩	-	-	덩	-	-	덩	-	따	쿵	-	-

장삼 소매를 날리며 거성하는 만신

순서	1	2	3	4
춤사위 -왼쪽으로 갈 때	 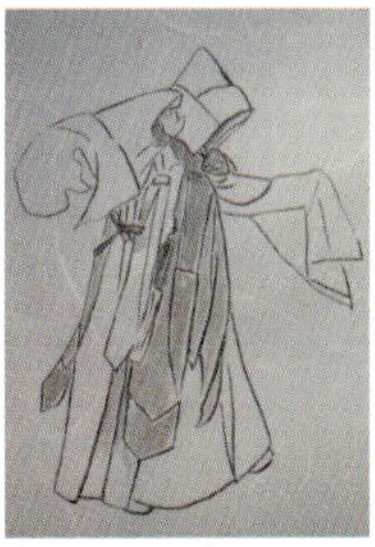	 	 	 
장단	덩	덩	덩	따쿵
춤설명	1박에 왼발을 한걸음 내딛고, 왼팔은 가로로 쭉 펴고 오른팔은 귀 옆으로 접는다.	2박 째에 오른발을 한걸음 앞으로 내딛는다. 손은 그대로 둔다.	왼발을 앞으로 한걸음 내딛는다. 오른팔을 천천히 내린다.	오른발을 왼발 옆으로 붙여 나란하게 선다. 양팔을 가로로 쭉 뻗는다.

순서	5	6	7	8
춤사위 -오른쪽으로 갈 때				

장단	덩	덩	덩	따쿵
춤설명	1박에 왼발을 한걸음 뒤로 내딛고, 왼팔은 가로로 쭉 펴고 오른팔은 귀 옆으로 접는다.	오른발을 당겨 왼발과 직각이 되도록 놓는다. 손모양은 동일하다.	왼발을 오른쪽으로 120도 정도 틀어 한걸음 내딛는다. 양팔은 천천히 아래로 내린다.	오른발을 왼발 옆으로 붙여 나란히 선다. 양팔은 완전히 아래로 내린다.

거성이 끝나면 만신은 굿거리장단을 잦게 치는 잦은장단에 맞추어 시계 반대방향으로 한 바퀴를 돌아 "소장수"를 찾는다.

3. 소놀이굿

1) 마부타령 - 마부타령, 곁마부타령, 소지명, 절내력, 은자보물타령
2) 소마모색 타령 - 빛(빛깔), 머리, 뿔, 귀, 눈, 코, 입, 쇠(혀), 이(齒), 다리, 굽, 꼬리 내력
3) 소치장 - 굴레치장, 질마(길마)치장
4) 소 글 가르치기와 논밭 갈기 - 글 내력, 논밭 갈기
5) 고사 · 축원 · 덕담 - 종자타령, 마부치장, 부인치장, 말뚝치장, 집치장
6) 소흥정과 권주
7) 퇴장

1) 마부타령

만신이 상을 등지고 돌아서서 "소장수"를 세 번 부른다. 원마부는 세 번째 부르는 소리에 만신 앞으로 다가서며 자신이 "성 한자 이름 두 자가 분명한데 소장수라니!" 하고 재담을 한다.

이후 곁마부가 등장해서 마부타령이 이어지고, 재담과 타령이 번갈아 이루어진다. 만신이 남편인 마부에게 물으면 남편인 마부가 타령으로 대답하는 것이 진행 방식이다. 재담은 만신과 원마부 사이에서 이루어지지만, 타령은 원마부 혼자 하기에는 양이 많으므로 곁마부 두 사람과 함께 번갈아 가며 부른다. 곁마부들의 타령 대목은 특별히 정해진 것이 없이 그때 그때의 상황에 따라 순서가 조정된다. 따라서 곁마부들도 타령 내용 전체를 알고 있다. 구체적인 재담과 타령은 2장 3절에 실려 있으므로 생략한다.

· 마부타령
· 곁마부타령
· 소지명
· 절내력
· 은자보물타령

재담을 주고 받는 만신과 원마부

마부가 타령하는 동안 춤추며 노는 등장인물들

타령이나 재담을 하지 않는 다른 등장인물들은 어깨춤을 추며 논다. 이때 큰소와 송아지는 주변을 돌아다니며 관객들과 어울린다. 특히 송아지는 껑충 껑충 뛰는 모습을 연출하며 가끔 만신이나 마부 등 다른 등장인물들을 툭툭 치기도 한다.

2) 소마모색 타령

마부타령이 끝나면 만신이 영감(원마부)을 불러서 소의 생김새(마모색)를 묻는다. 그러면 마부는 소의 생김새 전체를 부분별로 타령으로 소개한다.

소를 살펴보는 만신

· 빛(빛깔) 내력
· 머리 내력
· 뿔 내력
· 귀 내력
· 눈 내력

· 코 내력

· 입 내력

· 쇠(혀) 내력

· 이(齒) 내력

· 다리 내력

· 굽 내력

· 꼬리 내력

3) 소치장

소의 생김새에 대한 소개가 끝나면 소치장을 타령으로 소개한다.

· 굴레치장

· 질마(길마)치장

소를 살펴보는 만신

4) 소 글 가르치기와 논밭갈기

· 글 내력

· 논밭 갈기

5) 고사 · 축원 · 덕담

· 종자타령

· 마부치장

· 부인치장

· 말뚝치장

· 집치장

재담하는 만신과 원마부

6) 소흥정과 권주

집치장까지가 끝나면 소장수가 원마부에게 다가와 소를 팔라며 흥정을 시작한다. 원마부는 큰소는 오천냥, 송아지는 칠백 일흔 네 냥에 사라고 한다. 밀고 당기다가 소값 흥정이 끝나서 받은 소값을 만신인 마누라가 가로채서 헤아린다.

소를 살펴보는 소장수

소값 흥정을 하는 모습

소값을 주고받는 모습

소값을 헤아려 보는 만신

소 흥정이 끝나면 소장수는 소를 맨 말뚝(콩을 담아 북어를 꽂아 둔 말)을 무대 중앙으로 내놓고 소고삐를 말뚝인 북어에 매 놓는다. 송아지는 큰소 옆에 나란히 선다. 흥정이 마무리되면 "이왕 우리가 소를 사고 팔고 했으니 성애술이나 한 잔 먹자"고 하면 주모가 술동이를 머리에 이고 나와 마부들에게 술을 판다. 모두들 술을 한 잔씩 먹고 춤추며 논다.

소를 판 후 주모에게 성애술값을 주는 원마부

7) 퇴장

술을 먹고 춤추며 놀던 등장인물들이 들어올 때 순서대로 둥글게 원을 짓는다. 삼채장단에 맞추어 시계 반대방향으로 한 바퀴 돌아 관객들에게 인사를 한 후 줄 지어 퇴장한다.

공연이 끝난 후 관객들에게 인사하는 모습

퇴장하는 모습

Ⅳ. 양주소놀이굿 전승 소도구 제작법

양주소놀이굿 전승에 필요한 소도구는 여러 가지가 있으나 큰소와 송아지가 가장 중요한 것이므로 소의 제작방법을 소개한다. 본래 소머리와 몸통인 멍석은 짚으로 만들어 사용했으나 짚으로 만든 재료가 너무 무거우므로, 현재 공연에는 스티로폼으로 만든 소머리와 야자잎으로 만든 끈으로 엮은 멍석을 몸통으로 사용한다.

여기 소개한 제작법은 전통적인 재료와 방식으로 이루어진 것이다.

1. 소머리 만드는 방법

1) 큰소

스티로폼으로 만들어 공연시 사용하는 큰소머리

스티로폼으로 만든 소머리2

– 재료: 고무래, 종이, 명주 또는 광목, 짚신 또는 고무신, 짚·멍석 등을 사용한다.
– 각 부분 크기:

얼굴 길이	61㎝	귀 가로	10㎝
얼굴 너비	35㎝	귀 길이	17㎝
뿔 세로	25㎝	고무래 자루	119㎝
혀 가로	8㎝	몸통 폭	144㎝
혀 길이	15㎝	몸통 길이	290㎝
꼬리 길이	115㎝	고삐 길이	265㎝

2) 송아지

– 사용되는 재료는 동일하다.
– 각 부분 크기

얼굴길이	47㎝	꼬리 길이	100㎝
얼굴너비	27㎝	귀 길이	18㎝
혀 가로	8㎝	귀 가로	9㎝
혀 길이	12㎝	고무래 자루	83㎝
몸통 폭	130㎝	몸통 길이	180㎝

3) 만드는 순서

① 'ㅜ'자형의 고무래나 나무 막대를 만든다.
② 고무래의 머리 부분에 짚 반단 정도를 놓고 새끼줄로 다섯 군데를 묶는다. 그런 후 짚단의 앞뒤를 가지런히 정리한다.

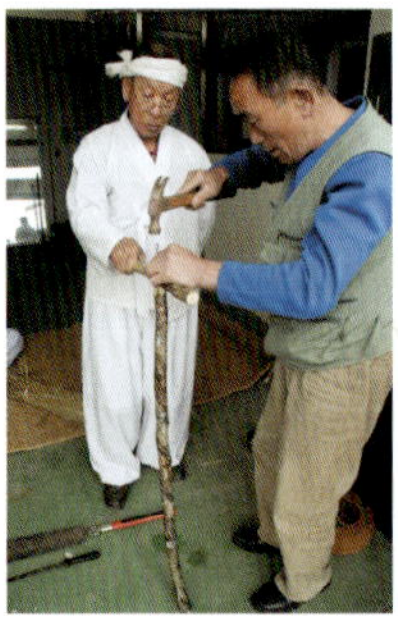
①

②-1

②-2

②-3

③ 짚으로 만든 소머리 위에 종이를 바른 후 눈을 그린다.

③-1

③-2

③-3

④ 새끼줄을 꼬아서 양쪽 발에 걸쳐 허리에 단단히 고정하고 그 사이 사이에 짚을 넣어 엮는다.

이렇게 엮어서 혀와 양쪽 귀를 만든다.

④-1

④-2

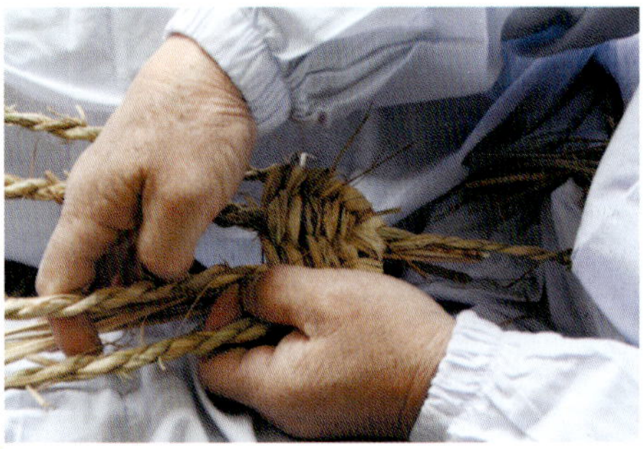

④-3

④-4

⑤ 종이 위에 눈을 그리고 만들어 둔 귀와 혀를 머리에 연결해 완성한다.

⑤-1

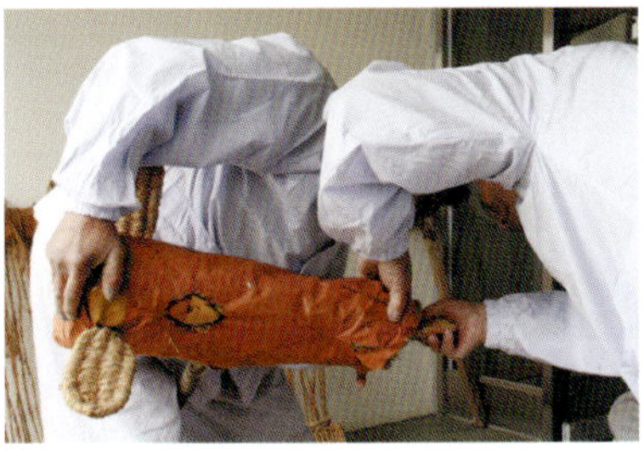

⑤-2

⑤-3

2. 소 몸통 만드는 방법

① 짚을 물에 축여 몇 시간 두었다가 부드러워지면 가늘게 새끼를 꼰다.

② 꼰 새끼를 멍석 매는 틀에 묶는다.

이때 매다는 새끼줄의 숫자는 멍석의 폭에 따라 달라진다. 대개는 80수 정도이다.

①-1

①-2

②

③ 틀에 매단 새끼줄 사이에다 짚을 넣어 꼰다. 짚을 두 가닥으로 나누어 지그재그로 꼰다.

④ 꼬아진 멍석 두 장을 서로 이으면 소 몸통이 완성된다.

③-1

③-2

④-1

④-1

Ⅴ. 재담 및 타령 교칙본

〈주바지〉

어라제석 만신몸주 대신제석 대함제석
전제석여 제불제천 석가여래 세준제석
해가돋아 일광제석 달이돋아 월광제석
빛이곱다 과살명예 석자세치 고깔제석
석자세치 전대제석 박아지 넝쿨제석
백항아리 어항제석 부리제석 신의제석
삼제석님 인에하예 받으시고 ○○년
해우년에 달로공사 ○월○일 ○씨 가중에
소놀이 정성 받으시고 재수소망 이루소서

만수받이

창: 김봉순
채보: 정서은

만신: 소장수, 소장사!

마부: 허 내나이 구십춘광인데 반평생을 소장수로 늙었지만 성 한 자 이름 두 자가 분명한데 소장수라니.

만신: 그럼 성은 뭐고 이름은 뭐요?

마부: 성은 내가구 이름은 서방님이라네.

만신: 아쭈 내서방님 소리는 듣고 싶어서 그럼 불러주지 내서방님

마부: 하 이거 듣던 중 반가운 소리구나.

〈마부타령〉

그누구라서	나를찾나	그누구라서	나를찾나
기산영수	별건곤에	소부허유[1]가	나를찾나
천하문장	김생원이	풍월[2]하자고	나를찾나
수양산 백	이숙제	채미[3]차로	나를찾나
설중기려	맹호연이	방매[4]차로	나를찾나
주중천자	이태백[5]이	술을먹자고	나를찾나
상산사호[6]	옛노인이	바둑두자고	나를찾나
당명황에	양귀비[7]가	후원화계[8]	넓은꽃밭
물을주자고	나를찾나	풍풍우우	이첨지[9]외에
날찾을이	없건마는	그누구라서	나를찾나

마부타령

창: 김인기
채보: 정서은

만신: 그런데 왜 불렀나.

마부: 보고싶으니까 불렀지 왜 불렀겠수

만신: 그런데 영감, 소장사를 나가면 하두 적적하기에 곁마부를 하나 두었는데 질투는 하지 말고 곁마부 대령시켜 타령이나 시켜보구려

답: 내가 늙었다고 젊은 서방을 하나 둔 모양이군. 하여튼 곁마부 대령해 봐라.

〈타령 곁마부〉

원마부도 대령하고 곁마부도 대령했는데
어떤 마부를 찾으시오
외사부에 대령마부 내사부에 입번마부
좌편우편 평마마부 각영문에 고마마부[10]
어사부중[11]에 말마분데 어떤 마부를 찾으시오

곁마부타령

창: 어윤관
채보: 정서은

만신: 여보 영감

마부: 왜 부르시나

만신: 그 소 고향은 어디요

마부: 그건 물어보나마나 지어미 뱃속이 고향이지

만신: 누구 그걸 물었소 사온 장을 물었지

마부: 진작이 그렇게 물어야지. 소를 사온 장은 팔도장안을 두루다니다 샀는데 들어보구려

〈타령 소지명〉

충청도 내포[12]서 소사가지고 삼남삼도[13]를 다돌아서 경기도를 치달으니
꽃이피면 꽃맞이[14] 잎이피면 잎맞이 칠월칠석에 칠석맞이 칠월 보름에
백중맞이 시월 상달에 신곡맞이
왠갖놀이 다하지만 장단[15]대로 내려서서 일년농사 잘지었다고 소놀이를
한다길래 구경차로 가는길에 어저께 그저께 의정부 장보고 서산 동명
돌아들어 오영문[16] 수악수에 각영문 취태[17]를 벌여놓고 덩기덩쿵 잽이
소리에 명타자니 명못타고 복타자니 복못타서 이댁가중 들어올제
이운지고 시운져서[18] 한거리 놀고 가자고 들어왔소

소지명

창: 김인기
채보: 정서은

만신: 여보영감

마부: 또 무언가

만신: 소를 사오면 성주안전에 절을 해야 하는데 디리숙배 내숙배 삼숙배[19]로 절이나 시켜 보구려

마부: 소 절을 시키라니까 타령으로 시키는데

〈타령 절내력〉

동소문[20] 밖으로 영도사[21]절 무내미 뒤로 화계사[22] 도봉 망월에 천축사[23]
백운대 넘어 통도사[24]절 경성 시내로 각황사[25] 수락산으로 성암사절
과천 관악사절 합천하고 해인사절 강원도 금강산 유점사절 고령으로
보광사[26]절 양주구읍 백암사 절인데 어떤절을 찾으시오

절내력

창: 김인기
채보: 정서은

♩. = 50 실음은 장6도 아래

만신: 여보영감

마부: 마누라가 날 불렀나.

만신: 그럼 내가 아니면 누가 불렀겠수

마부: 그래 왜 불렀어

만신: 소 사러 가던날 내가 부탁한 보물은 사왔수

마부: 사오고 말고 소장 주변에 보물 장수가 어찌 많은지 아흔아홉명 때려 죽여도 살인죄에도 안걸리겠데. 그래서 값비싼 보물만 한바리 사서 싣고 왔는데 들어보구려

〈타령 은자보물〉

양구천년 당구천년[27] 이천년 이룩하여 한양성내 마련할제 삼각산에 기봉하여
삼각산 제일봉에 봉학이 한쌍 생기시어 봉의 머리에 터를닦고 학의 등에다
집을 지을제 왕십리 청룡이요 둥구재 만리재 백호되고 한강수로 수길을 받고
왕봉산이 안세가 되어 아랫대궐 이룩하니 윗대궐이 없을소냐
오영문 마련하니 각영문이 없을손가. 각도 각읍을 마련하니 각 동네도 마련이요
존의 집간을 지어노니 영자[28]소임이 없을소냐 이댁가중 진언에서 와가
성주도 이룩하고 초가성주도 이룩하여 천금산에 금을뜨고 만금산에 은을 떠서
이 소등에 갈라 실어놓니 한쪽엔 해가 돋고 또 한쪽엔 달이 돋아 일광이면
월광이요 월광이면 월광인데 일광월광 단월광은 주인댁 가중 진언이요

은자보물

창: 김인기
채보: 정서은

♩. = 50 실음은 장6도 아래

만신: 여보 영감님
마부: 이건 갈수록 태산이로구나 또 왜 불렀수
만신: 소를 살적에 어떤 빛을 사왔는지 좀 들어봅시다
마부: 소사는 사람이 빛도보고 색도보고 샀는데 들어보게나

〈타령 빛내력〉

옥동도화 만사춘[29] 가지가지 봄빛이요 사월남풍 태백황[30]에 동서사방
누른빛 유상앵비 편편금[31]에 날아든다고 황금빛 사시장춘 솔잎이요
어둠침침 야삼경에 반가운 불빛이요 구년지수[32] 비올적에 반갑구료
햇빛이요 녹음방초 다지나가고 구시월이 돌아오니 울긋불긋 단풍빛
청산봉운은 대추빛 우리소 빛은 황색빛인데 어떤 빛을 찾으시오

만신: 빛내력을 들어보니 어쩌면 그렇게 좋은 빛을 골라 사왔수
마부: 내가 칠십평생을 소장사로 늙었는데 그런건 묻지도 말고 캐물지도 마라
만신: 그런데 영감 소를 사면 머리가 잘 생겨야되는데 그 내력이나 들어 봅시다
마부: 그 내력은 들어보나마나 잘 생겼지

〈타령 머리내력〉

양금지평은 용머리[33]요 양금문엄은 두머리[34] 용산삼개[35] 누에머리[36] 용대기위에
용두머리[37] 서양사람은 노랑머리 우불고불 곱슬머리 너울너울 조바머리
칠십노인 흰머리 늙은 마누라 쳇머리 낭자 쪽도리 큰머리 이십안에 각시머리
당신의 응덩머리 제일인데 어떤 머리를 찾으시오

만신: 영감이 미쳤나. 소머리 내력을 섬기래니까 마누라 응덩머리는 남사스럽게 왜 쳐 들어? 그러나저러나 뿔내력이나 잠깐 들어봅시다.

마부: 뿔내력 좋지. 한번 들어보구려.

〈뿔내력〉

우걱뿔[38]이면 작박뿔[39] 별백힌 노구뿔[40] 쌍쌍올러 사족뿔[41] 둘둘말어 방석뿔 위로

뻗은건 천지각[42] 옆으로 뻗은건 비녀뿔 흑각비나[43]는 물소뿔이요 개천 바닥에 새우뿔 오뉴월 영천에 모기불 정월 보름엔 횃불인데 이뿔 저뿔을 다 쳐들어도 마누라 코뿔이 제일일세

뿔내력

창: 김인기
채보: 정서은

만신: 들어보니 뿔도 여러 가지구려. 그런데 영감 귀는 무슨 귀요?

마부: 당신귀도 귀요 나에 귀도 권데 그 내력을 들어 볼텐가?

〈타령 귀내력〉

열귀면 떨귀요 마른밭에 깜바귀[44] 젖은밭엔 씀바귀 사전밭에 사라귀[45]
나무로올라 잎사귀요 잎사귀밑에 가장귀 가장귀 밑엔 토막귀
토막귀 밑에 뿌래기 외발가진 돌쩌귀 두발가진 가마귀 세발가진 통노귀[46]
네발가진 당나귀 아주먼네 치마귀 상제님네 두건귀 총각도련님 댕기귀
앵무공작 지저울제 소리듣던 토끼귀인데 어떤 귀를 찾으시오

귀내력

창: 김인기
채보: 정서은

♩. = 50 실음은 장6도 아래

만신: 듣고보니 왠놈에 귀가 그리 많담
　　그런데 영감 눈은 어떻게 생겼수
마부: 눈은 작고 눈썹이 길면 소가 사나운 법이니 잘 참작해서 들어봐요

〈타령 눈내력〉

우리소 눈은 고리눈[47]인데 어떤 고리를 섬기리까 앉은고리 동고리 선고리 문고리 나는고리 꾀꼬리요 뛰는고리 개고리 오색단청 딱따구리 산중의 영웅은 범의 눈 뜨고 못보는 해태눈 옆으로 박힌건 가재미 눈이요 꽁무니 박힌건 꼴뚜기눈 발사이는 티눈이요 천하명산 승지간에 경계보던 토끼눈인데 어떤 눈을 찾으시오

눈내력

창: 김인기
채보: 정서은

만신: 그 내력을 들어보니 눈도 여러가지구려
그런데 영감 이번엔 코 내력좀 들어봅시다.

마부: 코도 여러가진데 그 내력을 들어보면 마누란 놀래서 자빠지지 말고 들어보게나

〈코내력〉

주먹같은 양인[48]의 코요 넓적하다 전병코 번쩍들어 들창코
훌쩍훌쩍은 어린애코 허리가 잘룩 안장코요 평양 나막신 매부리코
늘어 움추리기 코끼리코요 방장봉래[49] 운무중에 내 잘맡는 토끼코인데
어떤코를 찾으시오

코내력

창: 김인기
채보: 정서은

만신: 꿈보다 해몽이 좋으시 코는 못생겼지만 내력은 참 좋구랴
그런데 영감 입은 무슨입인가.

마부: 구십당년에 마누라하나 얻었더니 따지고 묻는데 마누라 입 내입 다 맞혀 섬겨 보자

〈타령 입내력〉

양류 청천의 버들잎 사시장춘 솔잎이요 들락달락 들입이요 넙적하다
매기입 주홍같은 용마입 구시월 돌아오니 울긋불긋 단풍잎 우수경칩
돌아오니 떨어졌다 개구리 입 난초 지초 왠갖 향초 꽃따먹던 토끼입인데
어떤입을 찾으시오 입은 커서 먹성은 잘 하겠지.

입내력

창: 김인기
채보: 정서은

만신: 역시나 우리 영감이 똑똑하고 영리한지 정이 떨어지다가 타령에 우연히 정이 들거던. 그러니 이번엔 쇠내력이나 들어봅시다.

마부: 입안에 있는 쇠가 긴지 짧은지 재봐야 알지 하여튼 쇳바늘[50]이 돋으면 먹성이 적은 법이네 쇠내력이나 들어봅시다.

〈타령 쇠내력〉

경상도 재령쇠[51]요 전라도 부의쇠 경기 안성 유기쇠요 토찰장철[52] 노루쇠[53]요 시우쇠[54] 무쇠[55] 양운쇠[56] 방짜[57] 청철[58] 구리쇠요 만첩산중 썩 들어가 산지고 돌진
배암쇠[59] 수풀에는 갈강쇠요 이쇠저쇠 먹쇠가 제일인데 어떤쇠를 찾으시오

쇠내력

창: 김인기
채보: 정서은

만신: 하기는 잘한다만 어쩌면 뚝배기 깨지는 소리유. 그런데 이번엔 이내력이나 들어 봅시다.

마부: 내가 이 소 살적에 다른데도 두루 살펴봤지만, 첫째 이가 빼드러져 먹성이 좋다기에 사왔으니 귀담아 들어보게

〈타령 이내력〉

돌을 받아 지은이는 석금으로 지은이요 흙을 일어 지은이는 토금으로 지은이요 동서양으로 나온이는 18금으로 지은이요 값이 적어 불변석이요
옥니[60] 덧니 방석니[61]요 홍정 사이에 구문[62]이요 당신과 나와 두사인데 어떤이를 찾으시오

이내력

창: 김인기
채보: 정서은

만신: 어쩐지 먹성을 참 잘합니다. 그런데 말유 영감 소꼬리도 아주 길어야 된다는데
마부: 귀가 보배로구나 어디서 줏어 들었지. 꼬리가 길면 뭘해 살 꽁지가 짧은 게 탈이라네

〈타령 꼬리내력〉

앉은고리 동고리구요 선고리 문고리 나는고리 꾀꼬리요 나뭇꾼의 지게꼬리
오색단청 딱따구리 총각도련님 댕기꼬리 아주먼네 치마꼬리 조화많은
용의꼬리 석가래 조종은 가재꼬리 신농씨 백초약에 이슬털던 토끼의 꼬린데
어떤 꼬리를 찾으시오

꼬리내력

창: 김인기
채보: 정서은

만신: 영감 살꽁지[63]가 짧으면 어때요 받지만 않으면 그만이지. 또 궁금한 게 있구려. 다리는 무슨 다리요

마부: 자 이거 갈수록 태산이로구나. 만신에 다리도 다리요 내 다리도 다린데 한번 들어보게나

〈타령 다리내력〉

동소문 밖으로 복차다리[64] 동소문 안으로 두다리[65] 종로로 올라 방충교다리
육조앞으로 표청다리 무악고개 칭칭다리 남대문 밖으로 염천교 다리
한강으로 인도교 다리 오줌누어 수표다리 앞을 못보아 소경다리 빨래한다고
마전다리인데 어떤 다리를 찾으시오

다리내력

창: 김인기
채보: 정서은

만신: 아무리 잘해도 절른다리는 빼놨구나. 그러면 영감 굽 내력이나 또 들어봅시다.
마부: 마누라도 참 별난걸 다 물어보네. 원이라면 또 해보지

〈타령 굽내력〉
북두칠성은 일굽이요 당명황에 양구비요 광주분원은 사발굽 소대기 위에 접시굽 진날신은 나막신굽 칠십노인 눈꿉이요 관청으로 월굽이요 적벽대전 만군중에 분주하다 말굽인데 어떤 굽을 찾으시오

굽내력

창: 김인기
채보: 정서은

만신: 그런데 영감 그 소에다 질마[66]나 한번 얹어 보는게 어떻겠소
마부: 질마를 걸래면 나무와 재료도 많이 드는데 한번 걸어 봅시다.

〈타령 질마치장〉
느릅나무 질가지에 버드나무 등우리에 물푸레나무 송이가지요
와굴속대 살인치[67]에 외포 공목은 치싸게 행경피나무 찡거리 위에
번목배때가 제격이요

질마치장

창: 김인기
채보: 정서은

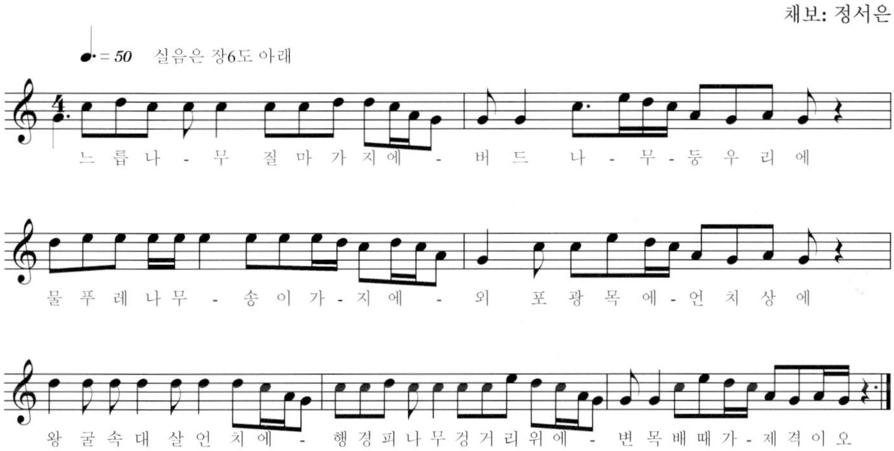

만신: 여보 영감 질마걸기는 애를 썼으나 굴레가 다 떨어졌으니 다시 짜주구랴

마부: 가닥 밭에 뛰는 오소린가. 콩밭끌은 못 따는 줄 아나. 굴레쯤이야 한번 짜가지고 풍경을 달아 보는데

〈타령 굴레[68] 치장〉

외얼무명[69] 전폭에다 삼색물 갖춰들여 하삼겹 사오겹에 생삼구겹 어울려서 양귀밑엔 쌍열대며 향나무 코뚜레치장 볼짝시면 명주팔사[70] 십이겹에 백통[71]장식 광못박아 솔상모[72] 물려놓니 관자[73]치장 제격이요 승마고삐 길게 늘여 이려-- 툭쳐 몰아가니 일양백이 빠르구나

굴레치장

창: 김인기
채보: 정서은

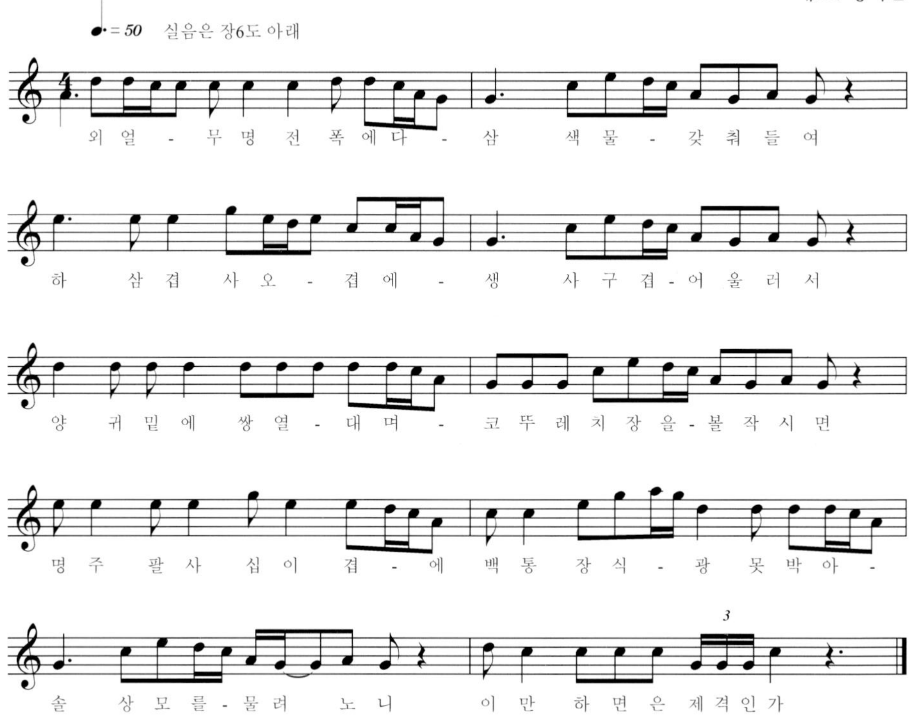

만신: 영감, 소를 사다 타령으로 내력을 다 하느라 수고가 많았으니 내가 영감 의상을 갖추어서 내세울 텐데 마음이 흐뭇하겠지

마부: 허 이거 오래두 살구 볼거구나. 마누라가 의상을 갖춰 준다면 이렇게 해 주구려

〈타령 마부치장〉

외얼 망긴[74]에 쥐꼬리당줄[75] 개미 상투에 산호동곶[76] 호박 풍잠[77]에 광채난다
백공단[78] 바지에 법단[79]저고리 왜단[80]조끼 떨쳐입고 백수화주 마고자에 고영나
니[81] 속버선에 몽고삼승 덧버선[82]에 한포단[83] 댄님을 사람인자로 재켜매고
불쑥 염랑에는 족자 삼끈이 제격이요 백수화주 두루마기에 남전복 들쳐 입고
홍대단[84] 허리띠를 뒤로 졸라매 안올린 벙거지[85]에 남일 공단[86]으로 안을 받혀
유문 갑사 넓은 끈을 양귀 밑으로 졸라메고 탁꼴치 미투리[87]에 장창박고 굽창
박아 매부리 장진걸어 낙꼭지로 둘메우고 백룡장식 육렬이 채찍 오른손에
검쳐잡고 이랴 툭쳐 몰아가니 이만하면 경일소냐

마부치장

창: 김인기
채보: 정서은

♩. = 50　실음은 장6도 아래

만신: 영감 그렇게 해줬으니 논밭이나 한번 갈아보구려

마부: 그러게. 소는 좋은데 말귀나 아는지 모르겠구나. 한번 갈아 보는데

〈타령 논밭갈기〉

수답을 갈면 일정보 편답을 갈면 이정보 전을 갈면 삼정보

만신: 그런데 영감 소글이나 한번 가르쳐 주구려

마부: 마누라도 딱하구려. 글은 사람이나 가르치고 배우는 거지. 하였든 한번 가르쳐 보는데

〈타령 글내력〉

자시에 생천하니[88] 호호탕탕 하늘천 자축시에 생지하니[89] 만물장성 따지
춘풍세우 호시절에 연주남낭 감을현 동서서방 몇만리냐 중황토색 누를황
법중율 법중여라 춘향아 잔 가득 부어라 넘쳐간다 기울책

글내력

창: 김인기
채보: 정서은

만신: 영감 나도 당신한테 할 만큼 했으니 옷이나 한벌 해 주구려

마부: 오는정이 있으면 가는정이 있다고 그대의 대접만 받았으니 옷이나 한 벌 해 주리다

〈타령 부인치장〉

남봉항라[90] 대단[91]치마 보라대단[92] 속저고리 길상사[93] 겹저고리 주불란사[94] 속치마에
고얀난이 속버선에 몽고삼승 덧버선 남대단 허리띠를 뒤로 제쳐 졸라 매고 홍공단
주머니에 갖은 패물 표주박에 비취언풍 달아차고 귀밑까지 허튼머리 반달같
은 와룡수로 슬슬비껴 동자쪽으로 놀러찌고 석북잠이며 석류잠[95] 발발떨어
새잠이며 맵씨있게 연꽃놓아 보기좋게 꽂고 한손에 금봉차[96] 또 한손엔 옥지환[97]
옥색바탕 운녀신을 맵씨있게 신고 보보향풍 이는 바람에 소장수 영감 놀아난다.

부인치장

창: 김인기
채보: 정서은

만신: 그런데 영감 소내력에다 타령을 하다보니 먹을 식량이 없으니 농사나 지어봅시다.

마부: 그것도 좋지. 종자를 갖추어 심는데 들어보게나

〈종자타령〉

김포통진 밭다리벼[98] 여주이천 자차벼[99] 허연 백발 노인벼[100] 일락서산 저문벼[101]

앞에 양반의 양화벼 드메 양반의 상투벼 의전 앞에 상모찰 우물앞에 새암벼[102] 얼룩덜룩 까투리벼 청산봉운 대추벼[103] 체수작다고 은방벼 삼수갑산 숭어조 삼에 용강의 모래조 톡톡 튀는건 벼룩차조 익어도 푸른건 청차조 짝짝 벌어진 괭이발차조 꽁지뭉뚝 박달조 검군 망병 오조 혼자되어 홀아비콩 이팔청춘 푸른대콩 무안당해 붉은대콩 도감포수 검정콩 칠년대한에 그루팥[104] 구년치수 물팥 사모풍대 관대팥 흑두[105]작두[106] 개팥이 동부[107] 영창같은 아주까리[108] 참개 들깨 다 심었는데 어떤종자 찾으시오

종자타령(밭)

창: 김인기
채보: 정서은

종자타령(논)

창: 김인기
채보: 정서은

만신: 영감 말뚝치장이나 해 봅시다.

마부: 그래 보지. 말뚝치장을 해 보는데

〈타령 말뚝치장〉

한다리 절뚝 전나무 방귀 뀌어 뽕나무 마주섰다 은행나무 낮에 봐도 밤나무 십리안의 오리나무 발발떨어 사시나무 무안당해 피나무 오줌누어 소태나무 사시장천 소나무 이나무 저나무 해도 원산말뚝 제격이요

말뚝치장

창: 김인기
채보: 정서은

만신: 여보영감 이것저것 갖추느라 고생도 많이 했으니 이젠 집이나 한채 잘 짓고 살아 봅시다.

마부: 마누라 원대로 집을 한채 지어 줄테니 들어 보구려

〈집치장〉

경상도 안동들어가 제비원[109]의 솔씨받아
소평대평[110]에 뿌렸더니 아기솔이 되었구나.
아기솔이 점점자라 다북솔[111]이 되었구나.
다북솔이 점점자라 중깃재가 되었구나.
중깃재가 넌짓자라 서까래[112] 중방[113]이 되었구나.
도리기둥재[114]가 넌짓자라 상당 마룻보가 되었구나.
그 군의 역군불러 잦은 나무는 곧게 비어 굽은나무는 잦게 비어 근근산에 칡을
끊어 영평 가평물에 띄어놓니 이물에 이사공아 저물에 저사공아 뗏목간에
노잘저어 마포 강두로 대어주소. 우리 이 소로 실어다가 그 군에 소편 대편수
불러 잦은 나무는 굳게 다듬고 굽은 나무는 잦게 다듬어 옥도끼로 찍어내고
금도끼로 다듬어서 사과괴통 아서놓고 이집터를 다질적에 어기어차 지정이요
어기어차 지정이야 아들 낳으시면 효자낳고 따님을 두면 열녀 낳고
소를 놓시면 왁대가되고 말을 놓시면 용마되고 개를 놓시면 삽살개 되고
닭을 놓시면 봉황이되고 돼지복은 걸어들고 쪽제비복은 뛰어 들고 구렁복은
기어드니 시시 개문에 만복래요 청석[115] 고석[116] 때려다가 자좌오향 주추놓고
인의예지로 기둥서고 만수무강 도리얹고 삼강오륜 대들보[117]에 옛천지무궁 대공[118]에다
응천상지 마루대공[119]에다 슬하자손 석가래 우에지심 평고대[120] 귓도리[121] 신자추녀
암기와 숫기와를 보기좋게 이어놓고 용두머리[122] 짝새[123]집에 아귀토를 물려놓고 위에
황토 초벽[124]후에 시토시내 이벽하고 황분지 초배[125]하고 백농지 이배[126]하고 이
만큼 지은 집에 입춘이 없을소냐 대문위를 쳐다보니 용수복이 호축제[127]라

대문을 쳐다보니 춘도분에 진북이요[128] 대문안을 들어서서 마루기둥 바라보니 우경백묘[129] 미향천리 상기둥 바라보니 원득삼산 불로초 배헌고당 학발친[130]. 방문위를 바라보니 당상학발 천년수 슬하자손 만세영[131] 부엌문을 바라보니 왕문은 조금성이요 옥빈은 보옥반 광대문 바라보니 시화연풍[132] 뚜렷이 붙였구나 마루대청 쳐다보니 응청상지 삼광이요 비인간지 오복[133]이라 마루치장 볼작시면 뒤지[134] 한쌍 놓여있고 찬장 탁자 놓였는데 뒤지보니 용춘봉춘 놓여있고 탁자를 쳐다보니 네모백이 잔목판[135]에 육모백이 두루모판 자개반[136] 칠반[137] 두루반[138] 놓여 있고 이만큼 마루치장인데 방치장이 없을소냐 치어다보니 소라반자[139] 내려다보니

각자장판[140] 자개함롱[141] 반다지[142]에 각게스리[143] 들메상[144]에 샛별같은 놋요강을 발치 발치 밀어놓고 육영촛대 청동화로 옥타구를 늘여놓고 아랫목을 바라보니 어병 석류필통 꽃그림이 붙여있고 좌편을 바라보니 남양초당 와룡선생 적토마를 빗겨 타고 뚜걱뚜걱 걷는모양 역역히 붙여있고[145] 우편을 바라보니 난초지초 모란화초 꽃그림이 붙여있고 이만큼 지은집에 채단이 없을소냐 일락서산에 석양단 조화신영에 목포단 춘포 조포 생단포[146] 경상도 안동포[147] 칠승포[148] 은주생주 삼동주 늙은비단 노방주[149] 젊은비단 생팔주 척수길다 대갈포 넓이넓다 광단포 뒤로돌아 뒷노적 앞으로 돌아 앞노적 멍에 노적이 쌓였는데 뒷노적엔 싹이나고 아랫노적에 업쪽제비 미영을 내며 춘화작장 난만가라. 뒤후원 돌아보니 뒤후원에 연못파고 연못 가운데 섬을 모아 섬가운데 석치 쌓고 석치가운데 육모정[150] 짓고 육모정 가운데 주인대주 남풍가[151]만 불제 대접같은 금붕어는 꼬리만 살짝 놀리고 네 귀에 풍경소리 덩그렁 덩그렁 잘도난다.

집치장

창: 김인기
채보: 정서은

♩.= 50 실음은 장6도 아래

■ 주

1) 기산(箕山) 영수(潁水) 별건곤(別乾坤): 중국 고대의 요임금때 소부(巢父)와 허유(許由)가 세상을 등지고 숨어 살았다는 별천지. 기산은 하남성 등봉현에, 영수는 하남성 임영현에 있다. 허유가 요임금이 임금자리를 내어 주겠다고 하는 말을 듣고 귀가 더러워졌다고 하며 영수강에 귀를 씻고 기산으로 들어가 살았다고 한다.

2) 맑은 바람과 밝은 달을 대하여 시를 지어 읊으며 즐긴다는 음풍농월(吟風弄月)의 준말.

3) 백(伯)과 숙(叔)은 은(殷)나라 고죽국의 왕자였는데, 왕위를 막내인 숙제에게 물려주려하자 숙제가 예법에 어긋난다며 형인 백이에게 양보했다. 백이도 이를 받아들이지 않고 둘은 결국 나라를 떠나 주나라로 갔다. 그런데 주나라 무왕이 은나라를 토벌하여 주왕조를 세우자, 두 사람은 무왕의 행위가 인의(仁義)에 어긋난다며 주나라 곡식 먹기를 거부하고 수양산(首陽山: 지금의 산시성 융지현)에 숨어서 고사리를 캐먹고 지내다가 굶어 죽었다. 채미(採薇)는 고비나 고사리 캐는 것을 말한다.

4) 맹호연(孟浩然)은 중국 당(唐)나라 시인이다. 녹문산(鹿門山)에 은둔하며 살다가 40세에 당 현종에게 알려져 벼슬을 권유받았으나 거절했다. 산수와 자연을 사랑하여 자연미와 정적(靜寂)을 읊은 시를 많이 남겼는데, 특히 매화를 좋아하여 초봄에 나귀를 타고 설산에 들어가 매화를 찾아 다녔다는 일화로 유명하다.

5) 이태백(李太白)은 당나라 때의 시인 이백(李白)을 말한다. 1,100여 편의 작품을 남겼으며 시선(詩仙)이라 불린다. 술을 좋아해 취한 채 물에 비친 달을 잡으러 물 속에 뛰어들어 죽었다는 전설이 있다.

6) 상산(商山)은 중국 섬서성 상현 동쪽에 있는 산. 사호(四皓)는 진시황 때에 나라의 난리를 피해 상산에 들어가 숨은 동원공(東園公), 기리계(綺里季), 하황공(夏黃公), 녹리(鹿里)의 네 사람을 말하는데, 모두 눈썹과 수염이 세었으므로 '호(皓)'라고 불렀다.

7) 양귀비는 당(唐)나라 현종(玄宗)의 열여덟번째 왕자인 수왕(壽王)의 부인이었으나, 왕후인 무혜비(武惠妃)가 죽은 후 현종의 눈에 띄어 귀비(貴妃)로 책립되었다. 현종은 양귀비를 만나 후 정치를 등한시하고 귀비와 시간을 보내며 양씨일가를 고관으로 발탁했다. 결국 안녹산의 난이 일어나 도망하던 중 장안의 서쪽인 마외역에서 호위 병사들이 양귀비와 육촌 오빠인 양국충을 죽이기를 현종에게 요구해 양귀비는 목 매달아 자결했다. 양귀비가 후원을 거닐다가 꽃을 만지자 꽃이 귀비의 아름다움에 부끄러워(羞花) 고개를 숙였다는 일화가 전한다.

8) 화계(花階)는 화단(花壇)을 이름.

9) 첨지(僉知)는 본래 조선시대 중추원에 속한 정삼품 무관인 '첨지중추부사'의 준말이다. 이것이 나중에 '나이 많은 이'를 낮추어 가볍게 부르는 말로 바뀌어 쓰이게 되었다. 여기서도 후자의 뜻으로 쓰였다.

10) 고마마부(雇馬馬夫)는 조선 후기 지방 관아인 고마고(雇馬庫)에 징발되어 역을 살던 민간 마부를 말한다.

11) 어사부중(御史府中).

12) 내포(內浦)란 육지 깊숙이 있는 포구란 뜻으로, 충청남도의 삽교천 서쪽인 아산만 일대의 홍성, 예산, 태안, 보령, 서산, 당진 일대를 말한다.

13) 삼남삼도(三南三道)란 영남(嶺南), 호남(湖南), 충청(忠淸) 지방을 통틀어 이르는 말로, 삼남(三南)이라고도 한다.

14) 꽃맞이와 잎맞이는 봄에 꽃과 잎이 필 즈음에 하는 굿, 칠석맞이와 백중맞이는 그 절기에 하는 굿, 신곡맞이는 가을에 햇곡식이 났을 때하는 굿을 이른다.

15) 경기도 장단(長湍)을 말함.

16) 오영문(五營門)은 임진왜란 뒤 오위(五衛)를 개편한 다섯 군영으로 훈련도감(訓練都監), 어영청(御營廳), 총융청(摠戎廳), 금위영(禁衛營), 수어청(守禦廳) 등의 오군영(五軍營)을 이른다. 주로 수도 중심의

수비(守備)를 담당했다.

17) 취타(吹打)를 이른다. 조선시대에는 오영문과 각 지방의 감영(監營), 병영(兵營), 수영(水營) 등에 소속된 취타수(吹打手)가 있어서 임금의 성외출어(城外出御), 총대장의 출입시, 진문(陣門)을 열거나 닫을 때, 군영의 의식 등에서 행진곡인 취타를 연주했다.

18) 연(緣)이 지고 때(時)가 맞아서 왔다는 뜻.

19) 숙배(肅拜)는 몸을 곧추세우고 숙연한 얼굴로 미미하게 손을 내리는 인사법으로, 현재 여자들이 하는 큰절과 같은 인사법이다. '드리숙배 내숙배'는 굿을 할 때 무당들이 위엄있게 앞뒤좌우로 오가며 추는 춤을 말한다. 여기서 '드리숙배 내숙배 삼숙배'라는 것은 공손하고 점잖게 절하는 것을 이른다.

20) 혜화문(惠化門). 도성 성곽의 북동쪽에 위치한 문으로, 애초 홍화문(弘化門)에서 개명. 북문은 일반인의 통행이 금지되었었기 때문에 이 문이 양주·포천 방면으로 통하는 중요한 출입구였다.

21) 영도사(永道寺). 무학대사가 창건했다는 절로, 1779년 정조의 후궁 홍빈의 묘 명인원(明仁園)이 절 옆에 들어서면서 현재의 자리로 옮겨 개운사(開運寺)로 개명. 경내에는 중앙승가대학이 자리함.

22) 화계사(華溪寺). 무내미는 현재의 수유리 일대.

23) 도봉산 천축사(天竺寺).

24) 원통사(圓通寺)의 오류.

25) 각황사(覺皇寺).

26) 파주시 고령산 보광사(普光寺).

27) '단군천년 기자천년'의 와음인 듯.

28) 영좌(領座). 한 마을의 대표자를 이름.

29) 옥동도화만수춘(玉洞桃花滿樹春). 신선이 사는 곳에 복숭아꽃이 활짝 피어나니 나무마다 봄빛이 가득하다는 뜻으로, 당나라 시인 유우석의 '自郎州至京戲贈看花諸君子'에 나오는 싯구.

30) 사월남풍대맥황(四月南風大麥黃). 사월 남풍에 보리가 누렇게 익기를 기다린다는 뜻.

31) 유상앵비편편금(柳上鶯飛片片金). 버드나무 위의 꾀꼬리는 금조각처럼 날아 다닌다는 뜻.

32) 구년지수(九年之水). 오랫동안 계속되는 홍수를 이르는 말로, 중국 요나라때 9년 동안 계속 된 홍수에서 유래한 말이다.

33) 양평군 지평부근의 용두리(용머리)를 가리킴.

34) 양평군 양수리 나루터 부근으로 남한강의 두 물줄기가 합쳐진다고 하여 '두물머리'라고도 함.

35) 삼개나루. 현재의 서울 마포를 가리킴.

36) 한강변 양화나루 위쪽의 절두산 잠두봉(蠶頭峰)을 말함. 우뚝 솟은 봉우리 모양이 누에가 머리를 쳐들고 있는 것 같다는 데서 유래.

37) 용대기(龍大旗). 삼군의 각 대장을 상징하는 기로 대장기(大將旗)라고도 한다. 좌군은 청색, 우군은 백색, 중군은 황색바탕으로 위에 용 한 마리와 구름을 그린다. '용두머리'는 이 기에 그려진 용을 말하는 듯.

38) 안으로 굽은 쇠뿔.

39) '자빡뿔', '잡빡뿔', '수각(垂角)'이라고 한다. 뿔이 뒤틀리거나 모두 아래로 향해서 자라는 뿔을 가리킨다.

40) 노구거리. 우걱뿔 가운데 양쪽 하나는 높고 하나는 낮은 쇠뿔.

41) '사족(四足)발'을 뿔로 발음한 듯.

42) 두 개가 각각 위아래로 향해 난 뿔

43) 흑각(黑角)으로 만든 비녀를 잘못 말함.

44) 깜부기.

45) 씀바귀의 다른 이름.

46) 통노구. 놋쇠나 구리로 만들어 휴대용으로 주로 쓰이는 솥으로 다리가 셋인 노구솥.

47) 눈동자의 둘레에 흰 테가 둘린 눈.

48) 서양인(西洋人).

49) 방장・봉래(方丈, 蓬萊). 영주산(瀛洲山)과 함께 삼신산(三神山)이라 일컬어지며, 도가에서 말하는 신선들이 산다는 전설의 산.

50) 혓바늘.

51) 황해도 재령(載寧)에서 나는 쇠인데 구비물에서 흔히들 '경상도 재령쇠'라고 표현한다. 쇠를 녹여 연장을 만드는 내용이 <성주풀이>에 나오는데, 성주풀이의 본고장인 안동과 혼돈되어 잘못 전해진 듯하다.

52) 토철은 쇠의 원료가 되는 철광석을 말한다. 토철은 울산의 달천철장(達川鐵場)에서 주로 생산되었는데, 여기서 '토찰잘철'은 '토철달천'의 와음인 듯하다.

53) 모루쇠. 모루는 대장간에서 불린 쇠를 올려놓고 두드릴 때 받침대로 쓰는 쇠를 말함.

54) 탄소 함유량이 낮은 단철. 시우쇠를 불려 여러 가지 도구를 만든다.

55) 철광석을 용강로에 녹인 쇠물을 굳힌 쇠.

56) 양은쇠를 말하는 듯. '양은(洋銀)'은 구리에 니켈과 아연을 첨가한 구리합금을 말함.

57) 질 좋은 놋쇠를 녹여 거푸집에 부은 다음 불에 달구어 두드려가며 만든 그릇.

58) 놋쇠와 비슷하나 품질이 좀 낮은 쇠로 주로 땜질할 때 씀.

59) 배암새. '톱풀'이라고도 한다. 산이나 초원 등에 사는 여러해살이 풀.

60) 끝이 안으로 구부러진 이.

61) 송곳니 바로 다음에 있는 어금니.

62) 구문(口文). 구전(口錢)이라고도 함. 흥정을 붙여주고 그 보수로 사고 판 양쪽으로부터 받는 돈.

63) 살꼬리. 성기(性器)를 이름.

64) 청계천의 지천(支川)인 복차천(伏車川)에 놓인 다리로 '복초다리'라고도 불림.

65) 종로통 새문안길에 있던 다리. 동대문쪽에서 도성 안으로 들어와 두 번째 만나는 다리라 하여 붙여진 이름. 한자로는 '이교(二橋)'라고 함.

66) 길마.

67) 마소의 등에 까는 천인 '언치'를 말하는 듯.

68) 말이나 소의 목에서 고삐에 걸쳐 얽어매는 줄.

69) 외올로 짠 얇고 부드러운 무명베.

70) 여덟 가닥으로 꼰 씰로 짠 명주.

71) 백동(白銅). 구리, 아연, 니켈의 합금으로 은백색. 주로 화폐나 장식품에 쓰임.

72) 상모(象毛). 깃발이나 창 등의 끝에 이삭 모양으로 만들어 다는 붉은 빛깔의 가는 털로, '삭모(槊毛)'가 변한 말.

73) 관자(貫子). 망건에 달아 망건당줄을 꿰는 고리.

74) 외올망건. 한 올로 짠 망건.

75) 쥐꼬리처럼 생긴 당줄. 당줄은 망건에 달아 상투를 매던 줄임.

76) 산호로 만든 동곳. 동곳은 상투의 머리 부분에 꽂아 상투가 풀어지지 않게 고정시켜 주는 머리장식물.

77) 호박으로 만든 풍잠(風簪). 상투를 틀때 머리카락이 흩어지지 않도록 머리에 두르던 망건의 중앙에 꾸미는 장식물로, 갓이 내려오지 못하게 고정시키는 역할을 함.

78) 백공단(白貢緞). 감이 두껍고 무늬가 없는 흰색 비단.

79) 양단의 일종으로 비교적 작은 무늬가 있는 것.

80) 일본산 비단.

81) 고양나이. 경기도 고양에서 생산되던 무명.

82) 몽고에서 나는 올이 굵은 무명으로 만든 버선.

83) 파초(芭蕉)의 섬유로 짠 베.

84) 대단(大緞)은 중국에서 나던 비단의 한가지. '홍대단'은 붉은 비단을 말함.

85) 무관과 군인들이 군복에 사용하던 모자. 고위직 무관이 쓰는 전립을 '안올림 벙거지'라고 했다. 겉은 검정색 모직물이고, 안은 남색 운무단을 사용하며, 공작깃털·상모·정자를 달고 밀화구슬로 끈을 달았다.

86) 남일광단(藍日光緞). 남빛 바탕에 해나 햇살의 무늬가 있는 비단.

87) 탑골치 미투리. 튼튼하게 잘 삼은 미투리를 말하는데, 동대문밖 탑골에서 삼았으므로 이렇게 부름.

88) 자시(子時)에 생천(生天)하니. 하루를 열 둘로 나눈 시간 중의 첫째인 밤 열한시부터 한시 사이인 '자시에 하늘이 생기니'의 뜻. 송나라 때 학자인 소옹(邵雍)이 지은 《황극경세(皇極經世)》 중에 "하늘은 맨 처음 깜깜한 자시에 열리고, 땅은 그 다음 축시에 생겼다."는 구절에서 따온 말.

89) 축시(丑時)에 생지(生地)허니. 밤 한시에서 세시 사이인 축시에 땅이 생겨의 뜻. 여기서 '자축시'라고 한 것은 오류인 듯.

90) 가는 실로 짠 비단으로, 가볍고 얇을 뿐 아니라 많은 그물눈이 규칙적으로 배열되어 속이 설핏이 비침. 마름모, 지그재그, 화초 등의 무늬가 있는 것을 문항라(紋亢羅)라고 함. '남봉항라'는 남색의 봉황무늬가 있는 항라를 뜻함.

91) 대단(大緞). 중국에서 나던 비단의 일종.

92) 보라대단(藍色大緞).

93) 길상사(吉祥絲). 발이 고운 면직물. 목면류로서 포저(布紵)의 일종.

94) 여름 옷감으로 쓰이는 서양 직물의 한가지인 '불란사'를 말하는 듯.

95) 석류잠(石榴簪). 꼭지에 금이나 은으로 석류꽃송이를 새긴 비녀.

96) 금봉차(金鳳釵). 금으로 만들어 봉황을 새긴 비녀.

97) 옥지환(玉指環). 옥으로 만든 가락지.

98) 밀다리벼의 오류. '자광벼'라고도 하는데, 조선 인조 때 중국 길림성 남방에서 들어온 것으로 통진현 밀다리 근처(경기도 김포군 하성면과 통진면 사이에 놓인 다리)에서 재배되어 '밀다리벼'로 알려짐. 미질이 우수하여 왕실에 진상됨.

99) 자채(紫彩)벼. 음력 삼월 삼일경에 씨를 뿌려 칠월 칠석 무렵에 거두는 수확기가 매우 빠른 올벼의 한 가지로 밥맛이 좋아 상등 쌀로 침. 빛이 누르고 가시랭이가 있으며 재배지 조건이 까다로운데, 여주이천지역에서 나는 것이 유명함.

100) 까락과 껍질이 모두 흰 벼.

101) 정금벼를 말하는 듯.

102) 샘다리벼. 일명 홍도(紅稻).

103) 까끄라기가 없고 빛이 붉은 늦벼의 한 가지.

104) 그루갈이로 심은 팥.

105) 흑두(黑頭). 검정콩.

106) 콩 열매가 3cm 정도로 작두처럼 생긴 작두콩.

107) 팥과 비슷하나 종자가 약간 길고 여름에 재배. 밥에 넣거나 떡의 소, 과자 등을 만드는데 쓰임.

108) 피마자(避麻子). 열매의 기름은 포마드, 설사약, 페인트 윤활유, 잉크 제조 등에 쓰임.

109) 안동 제비원. <성주풀이>에 의하면 성주신이 제비원에 들어가 솔씨를 받아 산천에 뿌렸다고 함.

110) 소평대평(小坪大坪).

111) 다복솔. 가지가 빈틈 없이 많이 퍼져 소복하게 된 어린 소나무.

112) 지붕판을 만들고 추녀를 구성하는 가늘고 긴 각재(角材).

113) 인방 혹은 중인방 이라고도 함. 기둥과 기둥, 혹은 문설주에 가로질러 벽체의 뼈대 및 문틀이 되는 가로재로 상인방・중인방・하인방이 있음.

114) 기둥과 기둥 위에 돌려 얹히는 굵은 재목. 그 위에 서까래를 얹게 되는데 굴도리・들도리・툇도리・빼도리 등의 종류가 있음.

115) 청석(青石). 푸른 빛깔이 도는 돌을 두루 이름.

116) 고석(蠱石). 용암이 갑자기 식어서 만들어진 가벼운 돌.

117) 기둥 위에 얹힌 들보 중에서 가장 큰 지붕보. 이 대들보는 건물 부재의 모든 짐과 지붕의 무게까지도 받아 지탱.

118) 대들보 위에 서서 종보와 중도리를 받치거나, 종보 중앙에 서서 마루도리를 받치는 구조물. 중도리를 받치는 것을 중대공, 종도리를 받치는 것을 마루대공이라 함.

119) 종량 위에 마루를 받쳐 세운 동자기둥.

120) 추녀와 추녀를 연결하는 가늘고 긴 곡선 부재.

121) 굴도리. 단면이 둥그런 도리.

122) 용머리 모양의 장식으로 건출물이나 상여 등에 닮.

123) '막새'의 오류인 듯. 막새는 기와를 말함.

124) 벽에 흙이나 종이를 애벌로 바르는 일.

125) 초배(初褙). 초벌로 하는 도배. 정배하기 전에 허름한 종이로 바름.

126) 정배(正褙). 초배를 한 뒤에 정식으로 하는 도배.

127) 새해에 대문에 붙인 용호도(龍虎圖)를 말함. 호랑이는 재앙을 막아주고 용은 다섯 가지 복을 지켜준다(虎逐三災 龍輪五福)이라고 함.

128) 봄이 문 앞에 오니 부귀가 늘어난다(春到門前增富貴)는 입춘첩.

129) 우경백묘(牛耕百畝).

130) 원득삼산불로초(願得三山不老草) 배헌고당학발친(拜獻高堂鶴髮親). 삼산에 불로초를 얻어 늙은 부모의 은혜를 갚는다는 뜻인데 여기서는 앞뒤 어구가 바뀌었음.

131) 당상학발천년수(堂上鶴髮千年嫂) 슬하자손만세영(膝下子孫萬世榮). 부모님은 천수를 누리고, 자손은 만세에 영화를 누리라는 말.

132) 시화연풍(時和年豊).

133) 응천상지삼광(應千上之三光)이요 비인간지오복(備人間之五福). 하늘이 삼색빛이 감응하여 인간의 오복을 준비한다.

134) 뒤주. 쌀, 콩, 팥 등 곡식을 담아두는 궤로, 4기둥에 짧은 발이 달림.

135) 모반. 여섯 모나 여덟모로 된 목판

136) 옻칠하여 자개로 장식한 소반.

137) 검은 옻칠을 한 소반으로 주로 통영지방에서 생산.

138) 두리반. 둥근 소반

139) 나무를 오려서 벽장문 같이 짜서 반반하게 만든 천정.

140) 각장장판. 아주 두꺼운 장판지인 각장(角壯)으로 바른 장판.

141) 자개를 박은 함롱.

142) 앞의 위쪽 절반이 문짝으로 되어 있는 궤의 일종.

143) 각계수리. 두 짝 문으로 된 돈 넣는 궤.

144) 들미장. 장문을 들어 올려 여는 장.

145) 유비가 융중 와룡 언덕의 작은 초가에 은거하던 와룡선생(제갈량)을 얻기 위해 적토마를 타고 세 번이나 찾아간(三顧草廬) 정경을 그린 그림.

146) 생당포(生唐布). 누이지 않은 생모시.

147) 경북 안동지방에서 생산되는 마직물.

148) 칠승포(七升布). 일곱 올로 짠 일곱 새베.

149) 중국에서 나던 좋은 명주의 일종.

150) 육각정(六角亭)이라고도 함. 여섯 개의 기둥을 세워 여섯 모가 지게 지은 정자.

151) 남풍가(南風歌). 순임금이 오현금을 켜며 불렀다는 노래.

[부록]

소놀이굿 보존회원 명단

(2006년 4월 현재)

연번	성 명	성별/생년	기예능	활동사항	선정일	주 소	비 고
1	김 병 옥	남, 1931	보유자	악 사	05.12.01	양주 광적면 효촌리 226	
2	김 봉 순	여, 1936	조 교	만 신	90.10.10	양주 유양동 184	
3	박 형 배	남, 1946	조 교	원마부	05.09.23	작고	
4	신 성 남	남, 1956	조 교	큰 소	05.09.23	양주 백석읍 방석리 253	
5	한 애 옥	여, 1946	조 교	만 신	05.09.23	양주 백석읍 홍죽리	
6	어 윤 관	남, 1943	이 수	곁마부	87.02.01	양주 남면 경신리	
7	김 광 회	남, 1969	이 수	큰 소	93.07.23	양주 광적면 효촌리 495	
8	허 영 이	남, 1935	이 수	곁마부	97.06.17	양주 남면 경신리 264	
9	김 재 종	남, 1969	이 수	송아지	96.06.23	양주 광적면 효촌리 76	
10	신 재 범	남, 1946	이 수	악 사	96.06.23	파주 조리면 오산리 354-1	
11	고 진 기	남, 1965	이 수	송아지	96.06.23	양주 남면 경신리 237	
12	김 병 선	남, 1934	이 수	소장수	97.06.17	양주 백석읍 방성4리	사무국장
13	이 호 식	남, 1964	전 수	큰 소	98.04.25	양주 백석읍 방성4리	
14	지 시 택	남, 1953	전 수	태 정	99.03.20	양주 광적면 효촌1리	
15	김 성 환	남, 1946	전 수	곁마부	04.02.20	양주 광적면 광석리	
16	조 대 희	남, 1948	전 수	곁마부	04.02.20	양주 백석읍 홍죽리	
17	이 영 애	남, 1964	전 수	주 모	04.07.24	의정부 민락동	
18	김 춘 애	여, 1955	전 수	만 신	04.07.24	양주 남면 두곡리	
19	신 용 호	남, 1987	전 수	큰 소	00.04.24	양주 백석읍 방석리	
20	오 정 석	남, 1934	전 수	상 쇠	01.07.30	양주 광적면 효촌1리	
21	김 임 순	여, 1951	전 수	만 신	05.08.03	양주 남면 경신리	

보유자 김병옥

조교 김봉순

조교 박형배

조교 신성남

조교 한애옥

이수자 어윤관

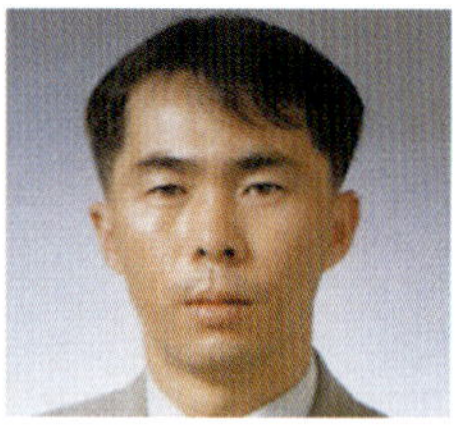
이수자 김광회

이수자 허영이

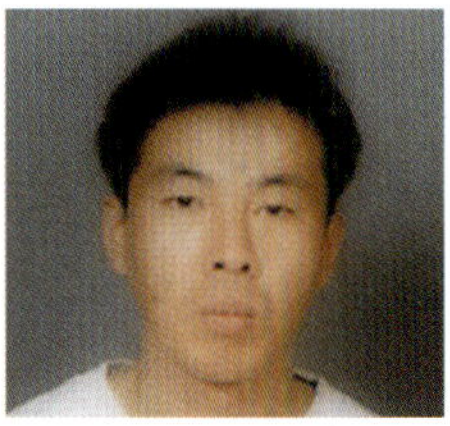
이수자 김재종

이수자 신재범

이수자 고진기

이수자 김병선

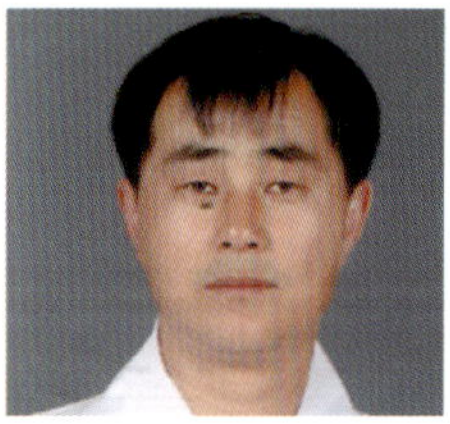
전수자 이호식

전수자 김성환

전수자 조대희

전수자 이영애

전수자 김춘애

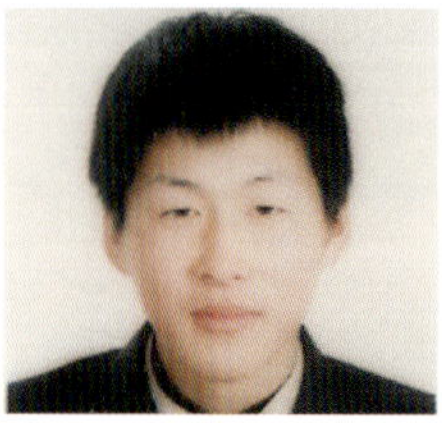
전수자 신용호

전수자 오정석

전수자 김임순

김헌선

경기대학교 국문학과
한국학대학원 석사과정
경기대학교 대학원 박사과정
경기대학교 한국동양어문학부 국문학전공 교수

주요논저

『한국의 창세신화』(1994)
『경기도 도당굿 무가의 현지 연구』(1995)
『일반무가』(1995)
『사물놀이이야기』(1995)
『한국구전민요의 세계』(1997)
『사물놀이의 위대한 서사시, 김용배의 삶과 예술』(1998)
『세계의 영웅신화』(공저, 2002)
『세계의 창세신화』(공저, 2003)
『제주도 조상신본풀이 연구』(2006)
『동해안 화랭이 김석출 오구굿 무가 사설집』(2006)

양주 소놀이굿

초판 1쇄 인쇄 2006년 6월 3일
초판 1쇄 발행 2006년 6월 9일
편저자 김헌선
펴낸이 박성복
펴낸곳 도서출판 월인
등록 제6-0364호(1998. 5. 4)
주소 142-879 서울특별시 강북구 수유2동 252-9
전화 (02) 912-5000
팩스 (02) 900-5036
e-mail worin@hitel.net
homepage http://www.worin.net

ISBN 89-8477-323-9 93380

값 7,000원